공동주택관리 법규

머리말

　이 책은 방사선사, 공무원 등의 자격시험을 준비하는 수험생들을 위해 만들었습니다. 자격시험은 수험 전략을 어떻게 짜느냐가 등락을 좌우합니다. 짧은 기간 내에 승부를 걸어야 하는 수험생들은 방대한 분량을 자신의 것으로 정리하고 이해해 나가는 과정에서 시간과 노력을 낭비하지 않도록 주의를 기울여야 합니다.

　수험생들이 법령을 공부하는 데 조금이나마 시간을 줄이고 좀 더 학습에 집중할 수 있도록 본서는 다음과 같이 구성하였습니다.

　첫째, 법률과 그 시행령 및 시행규칙, 그리고 부칙과 별표까지 자세하게 실었습니다.

　둘째, 법 조항은 물론 그와 관련된 시행령과 시행규칙을 한눈에 알아볼 수 있도록 체계적으로 정리하였습니다.

　셋째, 최근 법령까지 완벽하게 반영하여 별도로 찾거나 보완하는 번거로움을 줄였습니다.

　모쪼록 이 책이 수업생 여러분에게 많은 도움이 되기를 바랍니다. 쉽지 않은 여건에서 시간을 쪼개어 책과 씨름하며 자기개발에 분투하는 수험생 여러분의 건승을 기원합니다.

2022년 4월

법(法)의 개념

1. 법 정의

① 국가의 강제력을 수반하는 사회 규범.

② 국가 및 공공 기관이 제정한 법률, 명령, 조례, 규칙 따위이다.

③ 다 같이 자유롭고 올바르게 잘 살 것을 목적으로 하는 규범이며,

④ 서로가 자제하고 존중함으로써 더불어 사는 공동체를 형성해 가는 평화의 질서.

2. 법 시행

① 발안

② 심의

③ 공포

④ 시행

3. 법의 위계구조

① 헌법(최고의 법)

② 법률 : 국회의 의결 후 대통령이 서명·공포

③ 명령 : 행정기관에 의하여 제정되는 국가의 법령(대통령령, 총리령, 부령)

④ 조례 : 지방자치단체가 지방자치법에 의거하여 그 의회의 의결로 제정

⑤ 규칙 : 지방자치단체의 장(시장, 군수)이 조례의 범위 안에서 사무에 관하여 제정

4. 법 분류

① 공법 : 공익보호 목적(헌법, 형법)

② 사법 : 개인의 이익보호 목적(민법, 상법)

③ 사회법 : 인간다운 생활보장(근로기준법, 국민건강보험법)

5. 형벌의 종류

① 사형

② 징역 : 교도소에 구치(유기, 무기징역, 노역 부과)

③ 금고 : 명예 존중(노역 비부과)

④ 구류 : 30일 미만 교도소에서 구치(노역 비부과)

⑤ 벌금 : 금액을 강제 부담

⑥ 과태료 : 공법에서, 의무 이행을 태만히 한 사람에게 벌로 물게 하는 돈(경범죄처벌법, 교통범칙금)

⑦ 몰수 : 강제로 국가 소유로 권리를 넘김

⑧ 자격정지 : 명예형(名譽刑), 일정 기간 동안 자격을 정지시킴(유기징역 이하)

⑨ 자격상실 : 명예형(名譽刑), 일정한 자격을 갖지 못하게 하는 일(무기금고이상). 공법상 공무원이 될 자격, 피선거권, 법인 임원 등

차례

공동주택관리법

제1장 총칙

제1조 목적

이 법은 공동주택의 관리에 관한 사항을 정함으로써 공동주택을 투명하고 안전하며 효율적으로 관리할 수 있게 하여 국민의 주거수준 향상에 이바지함을 목적으로 한다.

제2조(정의)

① 이 법에서 사용하는 용어의 뜻은 다음과 같다.

〈개정 2015. 8. 28., 2015. 12. 29., 2016. 1. 19., 2017. 4. 18., 2019. 4. 23.〉

1. "공동주택"이란 다음 각 목의 주택 및 시설을 말한다. 이 경우 일반인에게 분양되는 복리시설은 제외한다.

　가. 「주택법」 제2조제3호에 따른 공동주택

　나. 「건축법」 제11조에 따른 건축허가를 받아 주택 외의 시설과 주택을 동일 건축물로 건축하는 건축물

　다. 「주택법」 제2조제13호에 따른 부대시설 및 같은 조 제14호에 따른 복리시설

2. "의무관리대상 공동주택"이란 해당 공동주택을 전문적으로 관리하는 자를 두고 자치 의결기구를 의무적으로 구 성하여야 하는 등 일정한 의무가 부과되는 공동주택으로서, 다음 각 목 중 어느 하나에 해당하는 공동주택을 말한 다.

　가. 300세대 이상의 공동주택

　나. 150세대 이상으로서 승강기가 설치된 공동주택

　다. 150세대 이상으로서 중앙집중식 난방방식(지역난방방식을 포함한다)의 공동주택

　라. 「건축법」 제11조에 따른 건축허가를 받아 주택 외의 시설과 주택을 동일 건축물로 건축한 건축물로서 주택이 150세대 이상인 건축물

　마. 가목부터 라목까지에 해당하지 아니하는 공동주택 중 입주자등이 대통령령으로 정하는 기준에 따라 동의하여 정하는 공동주택

3. "공동주택단지"란 「주택법」 제2조제12호에 따른 주택단지를 말한다.

4. "혼합주택단지"란 분양을 목적으로 한 공동주택과 임대주택이 함께 있는 공동주택단지를 말한다.

5. "입주자"란 공동주택의 소유자 또는 그 소유자를 대리하는 배우자 및 직계존비속(直系尊

卑屬)을 말한다.

6. "사용자"란 공동주택을 임차하여 사용하는 사람(임대주택의 임차인은 제외한다) 등을 말한다.

7. "입주자등"이란 입주자와 사용자를 말한다.

8. "입주자대표회의"란 공동주택의 입주자등을 대표하여 관리에 관한 주요사항을 결정하기 위하여 제14조에 따라 구성하는 자치 의결기구를 말한다.

9. "관리규약"이란 공동주택의 입주자등을 보호하고 주거생활의 질서를 유지하기 위하여 제18조제2항에 따라 입주 자등이 정하는 자치규약을 말한다.

10. "관리주체"란 공동주택을 관리하는 다음 각 목의 자를 말한다.

　가. 제6조제1항에 따른 자치관리기구의 대표자인 공동주택의 관리사무소장

　나. 제13조제1항에 따라 관리업무를 인계하기 전의 사업주체

　다. 주택관리업자

　라. 임대사업자

　마. 「민간임대주택에 관한 특별법」 제2조제11호에 따른 주택임대관리업자(시설물 유지·보수·개량 및 그 밖의 주택관리 업무를 수행하는 경우에 한정한다)

11. "주택관리사보"란 제67조제1항에 따라 주택관리사보 합격증서를 발급받은 사람을 말한다.

12. "주택관리사"란 제67조제2항에 따라 주택관리사 자격증을 발급받은 사람을 말한다.

13. "주택관리사등"이란 주택관리사보와 주택관리사를 말한다.

14. "주택관리업"이란 공동주택을 안전하고 효율적으로 관리하기 위하여 입주자등으로부터 의무관리대상 공동주택 의 관리를 위탁받아 관리하는 업(業)을 말한다.

15. "주택관리업자"란 주택관리업을 하는 자로서 제52조제1항에 따라 등록한 자를 말한다.

16. 삭제〈2016. 1. 19.〉

17. 삭제〈2016. 1. 19.〉

18. "장기수선계획"이란 공동주택을 오랫동안 안전하고 효율적으로 사용하기 위하여 필요한 주요 시설의 교체 및 보수 등에 관하여 제29조제1항에 따라 수립하는 장기계획을 말한다.

19. "임대주택"이란 「민간임대주택에 관한 특별법」에 따른 민간임대주택 및 「공공주택 특별법」에 따른 공공임대주 택을 말한다.

20. "임대사업자"란 「민간임대주택에 관한 특별법」 제2조제7호에 따른 임대사업자 및 「공공주택 특별법」 제4조제 1항에 따른 공공주택사업자를 말한다.

21. "임차인대표회의"란 「민간임대주택에 관한 특별법」 제52조에 따른 임차인대표회의 및 「공공주택 특별법」 제 50조에 따라 준용되는 임차인대표회의를 말한다.

② 이 법에서 따로 정하지 아니한 용어의 뜻은 「주택법」에서 정한 바에 따른다.

제3조(국가 등의 의무)

① 국가 및 지방자치단체는 공동주택의 관리에 관한 정책을 수립·시행할 때에는 다음 각 호의 사항을 위하여 노력하여야 한다.

1. 공동주택에 거주하는 입주자등이 쾌적하고 살기 좋은 주거생활을 할 수 있도록 할 것
2. 공동주택이 투명하고 체계적이며 평온하게 관리될 수 있도록 할 것
3. 공동주택의 관리와 관련한 산업이 건전한 발전을 꾀할 수 있도록 할 것

② 관리주체는 공동주택을 효율적이고 안전하게 관리하여야 한다.

③ 입주자등은 공동체 생활의 질서가 유지될 수 있도록 이웃을 배려하고 관리주체의 업무에 협조하여야 한다.

제4조(다른 법률과의 관계)

① 공동주택의 관리에 관하여 이 법에서 정하지 아니한 사항에 대하여는 「주택법」을 적용 한다.

② 임대주택의 관리에 관하여 「민간임대주택에 관한 특별법」 또는 「공공주택 특별법」에서 정하지 아니한 사항에 대하여는 이 법을 적용한다. 〈개정 2015. 8. 28.〉

제2장 공동주택의 관리방법

제5조(공동주택의 관리방법)

① 입주자등은 의무관리대상 공동주택을 제6조제1항에 따라 자치관리하거나 제7조제1항 에 따라 주택관리업자에게 위탁하여 관리하여야 한다.

② 입주자등이 공동주택의 관리방법을 정하거나 변경하는 경우에는 대통령령으로 정하는 바에 따른다.

제6조(자치관리)

① 의무관리대상 공동주택의 입주자등이 공동주택을 자치관리할 것을 정한 경우에는 입주자대표회의 는 제11조제1항에 따른 요구가 있은 날(제2조제1항제2호마목에 따라 의무관리대상 공동주택으로 전환되는 경우에 는 제19조제1항제2호에 따른 입주자대표회의의 구성 신고가 수리된 날을 말한다)부터 6개월 이내에 공동주택의 관 리사무소장을 자치관리기구의 대표자로 선임하고, 대통령령으로 정하는 기술인력 및 장비를 갖춘 자치관리기구를 구성하여야 한다. 〈개정 2019. 4. 23., 2021. 8. 10.〉

② 주택관리업자에게 위탁관리하다가 자치관리로 관리방법을 변경하는 경우 입주자대표회의 는 그 위탁관리의 종 료일까지 제1항에 따른 자치관리기구를 구성하여야 한다.

제7조(위탁관리)

① 의무관리대상 공동주택의 입주자등이 공동주택을 위탁관리할 것을 정한 경우에는 입주자대표회의 는 다음 각 호의 기준에 따라 주택관리업자를 선정하여야 한다.

1. 「전자문서 및 전자거래 기본법」 제2조제2호에 따른 정보처리시스템을 통하여 선정(이하 "전자입찰방식"이라 한 다)할 것. 다만, 선정방법 등이 전자입찰방식을 적용하기 곤란한 경우로서 국토교통부장관이 정하여 고시하는 경 우에는 전자입찰방식으로 선정하지 아니할 수 있다.

2. 그 밖에 입찰의 방법 등 대통령령으로 정하는 방식을 따를 것

② 입주자등은 기존 주택관리업자의 관리 서비스가 만족스럽지 못한 경우에는 대통령령으로 정하는 바에 따라 새 로운 주택관리업자 선정을 위한 입찰에서 기존 주택관리업자의 참가를 제한하도록 입주자대표회의에 요구할 수 있 다. 이 경우 입주자대표회의는 그 요구에 따라야 한다.

제8조(공동관리와 구분관리)

① 입주자대표회의는 해당 공동주택의 관리에 필요하다고 인정하는 경우에는 국토교통부 령으로 정하는 바에 따라 인접한 공동주택단지(임대주택단지를 포함한다)와 공동으로 관리하거나 500세대 이상의 단위로 나누어 관리하게 할 수 있다.

② 제1항에 따른 공동관리는 단지별로 입주자등의 과반수의 서면동의를 받은 경우(임대주택단지의 경우에는 임대 사업자와 임차인대표회의의 서면동의를 받은 경우를 말한다)로서 국토교통부령으로 정하는 기준에 적합한 경우에 만 해당한다.

제9조(공동주택관리기구)

① 입주자대표회의 또는 관리주체는 공동주택 공용부분의 유지 · 보수 및 관리 등을 위하여 공동주택관리기구(제6조제1항에 따른 자치관리기구를 포함한다)를 구성하여야 한다.

② 공동주택관리기구의 구성 · 기능 · 운영 등에 필요한 사항은 대통령령으로 정한다.

제10조(혼합주택단지의 관리)

① 입주자대표회의와 임대사업자는 혼합주택단지의 관리에 관한 사항을 공동으로 결정 하여야 한다. 이 경우 임차인대표회의가 구성된 혼합주택단지에서는 임대사업자는 「민간임대주택에 관한 특별법」 제52조제4항 각 호의 사항을 임차인대표회의와 사전에 협의하여야 한다.

〈개정 2015. 8. 28., 2021. 8. 10.〉

② 제1항의 공동으로 결정할 관리에 관한 사항과 공동결정의 방법 및 절차 등에 필요한 사항은 대통령령으로 정한 다.

제10조의2(의무관리대상 공동주택 전환 등)

① 제2조제1항제2호마목에 따라 의무관리대상 공동주택으로 전환되는 공 동주택(이하 "의무관리대상 전환 공동주택"이라 한다)의 관리인(「집합건물의 소유 및 관리에 관한 법률」 에 따른 관 리인을 말하며, 관리단이 관리를 개시하기 전인 경우에는 같은 법 제9조의3제1항에 따라 공동주택을 관리하고 있는 자를 말한다. 이하 같다)은 대통령령으로 정하는 바에 따라 관할 특별자치시장 · 특별자치도지사 · 시장 · 군수 · 구청 장(자치구의 구청장을 말하며 이하 같다. 이하 특별자치시장 · 특별자치도지사 · 시장 · 군수 · 구청장은 "시장 · 군수 · 구청장" 이라 한다)에게 의무관리대상 공동주택 전환 신고를 하여야 한다. 다만, 관리인이 신고하지 않는 경우에는 입주자등의 10분의 1 이상이 연서하여 신고할 수 있다.

② 의무관리대상 전환 공동주택의 입주자등은 제19조제1항제1호에 따른 관리규약의 제정 신고가 수리된 날부터 3개월 이내에 입주자대표회의를 구성하여야 하며, 제19조제1항제2호에 따른 입주자대표회의의 구성 신고가 수리된 날부터 3개월 이내에 제5조에 따른 공동주택의 관리 방법을 결정하여야 한다. 〈개정 2021. 8. 10.〉

③ 의무관리대상 전환 공동주택의 입주자등이 공동주택을 위탁관리할 것을 결정한 경우 입주자대표회의는 입주자 대표회의의 구성 신고가 수리된 날부터 6개월 이내에 제7조제1항 각 호의 기준에 따라 주택관리업자를 선정하여야 한다.

④ 의무관리대상 전환 공동주택의 입주자등은 제2조제1항제2호마목의 기준에 따라 해당 공동주택을 의무관리대상 에서 제외할 것을 정할 수 있으며, 이 경우 입주자대표회의의 회장(직무를

대행하는 경우에는 그 직무를 대행하는 사람을 포함한다. 이하 같다)은 대통령령으로 정하는 바에 따라 시장·군수·구청장에게 의무관리대상 공동주택 제 외 신고를 하여야 한다.

⑤ 시장·군수·구청장은 제1항 및 제4항에 따른 신고를 받은 날부터 10일 이내에 신고수리 여부를 신고인에게 통 지하여야 한다. 〈신설 2021. 8. 10.〉

⑥ 시장·군수·구청장이 제5항에서 정한 기간 내에 신고수리 여부 또는 민원 처리 관련 법령에 따른 처리기간의 연장을 신고인에게 통지하지 아니하면 그 기간(민원 처리 관련 법령에 따라 처리기간이 연장 또는 재연장된 경우에 는 해당 처리기간을 말한다)이 끝난 날의 다음 날에 신고를 수리한 것으로 본다. 〈신설 2021. 8. 10.〉

[본조신설 2019. 4. 23.]

제11조(관리의 이관)

① 의무관리대상 공동주택을 건설한 사업주체는 입주예정자의 과반수가 입주할 때까지 그 공동주 택을 관리하여야 하며, 입주예정자의 과반수가 입주하였을 때에는 입주자등에게 대통령령으로 정하는 바에 따라 그 사실을 통지하고 해당 공동주택을 관리할 것을 요구하여야 한다.

② 입주자등이 제1항에 따른 요구를 받았을 때에는 그 요구를 받은 날부터 3개월 이내에 입주자를 구성원으로 하는 입주자대표회의를 구성하여야 한다.

③ 입주자대표회의의 회장은 입주자등이 해당 공동주택의 관리방법을 결정(위탁관리하는 방법을 선택한 경우에는 그 주택관리업자의 선정을 포함한다)한 경우에는 이를 사업주체 또는 의무관리대상 전환 공동주택의 관리인에게 통지하고, 대통령령으로 정하는 바에 따라 관할 시장·군수·구청장에게 신고하여야 한다. 신고한 사항이 변경되는 경우에도 또한 같다.

〈개정 2019. 4. 23.〉

④ 시장·군수·구청장은 제3항에 따른 신고를 받은 날부터 7일 이내에 신고수리 여부를 신고인에게 통지하여야 한다. 〈신설 2021. 8. 10.〉

⑤ 시장·군수·구청장이 제4항에서 정한 기간 내에 신고수리 여부 또는 민원 처리 관련 법령에 따른 처리기간의 연장을 신고인에게 통지하지 아니하면 그 기간(민원 처리 관련 법령에 따라 처리기간이 연장 또는 재연장된 경우에 는 해당 처리기간을 말한다)이 끝난 날의 다음 날에 신고를 수리한 것으로 본다. 〈신설 2021. 8. 10.〉

제12조(사업주체의 주택관리업자 선정)

사업주체는 입주자대표회의로부터 제11조제3항에 따른 통지가 없거나 입주자 대표회의가 제6

조제1항에 따른 자치관리기구를 구성하지 아니하는 경우에는 주택관리업자를 선정하여야 한다. 이 경우 사업주체는 입주자대표회의 및 관할 시장·군수·구청장에게 그 사실을 알려야 한다.

제13조(관리업무의 인계)

① 사업주체 또는 의무관리대상 전환 공동주택의 관리인은 다음 각 호의 어느 하나에 해당하 는 경우에는 대통령령으로 정하는 바에 따라 해당 관리주체에게 공동주택의 관리업무를 인계하여야 한다.   〈개정 2019. 4. 23.〉

1. 입주자대표회의의 회장으로부터 제11조제3항에 따라 주택관리업자의 선정을 통지받은 경우

2. 제6조제1항에 따라 자치관리기구가 구성된 경우 3. 제12조에 따라 주택관리업자가 선정 된 경우

② 공동주택의 관리주체가 변경되는 경우에 기존 관리주체는 새로운 관리주체에게 제1항을 준용하여 해당 공동주 택의 관리업무를 인계하여야 한다.

제3장 입주자대표회의 및 관리규약

제1절 입주자대표회의

제14조(입주자대표회의의 구성 등)

① 입주자대표회의는 4명 이상으로 구성하되, 동별 세대수에 비례하여 관리규약으 로 정한 선거구에 따라 선출된 대표자(이하 "동별 대표자"라 한다)로 구성한다. 이 경우 선거구는 2개 동 이상으로 묶 거나 통로나 층별로 구획하여 정할 수 있다.

② 하나의 공동주택단지를 여러 개의 공구로 구분하여 순차적으로 건설하는 경우(임대주택은 분양전환된 경우를 말한다) 먼저 입주한 공구의 입주자등은 제1항에 따라 입주자대표회의를 구성할 수 있다. 다만, 다음 공구의 입주예 정자의 과반수가 입주한 때에는 다시 입주자대표회의를 구성하여야 한다.   〈개정 2021. 8. 10.〉

③ 동별 대표자는 동별 대표자 선출공고에서 정한 각종 서류 제출 마감일(이하 이 조에서 "서류

제출 마감일"이라 한다)을 기준으로 다음 각 호의 요건을 갖춘 입주자(입주자가 법인인 경우에는 그 대표자를 말한다) 중에서 대통령 령으로 정하는 바에 따라 선거구 입주자등의 보통 · 평등 · 직접 · 비밀선거를 통하여 선출한다. 다만, 입주자인 동별 대표자 후보자가 없는 선거구에서는 다음 각 호 및 대통령령으로 정하는 요건을 갖춘 사용자도 동별 대표자로 선출될 수 있다. 〈개정 2019. 4. 23.〉

1. 해당 공동주택단지 안에서 주민등록을 마친 후 계속하여 대통령령으로 정하는 기간 이상 거주하고 있을 것(최초 의 입주자대표회의를 구성하거나 제2항 단서에 따른 입주자대표회의를 구성하기 위하여 동별 대표자를 선출하는 경우는 제외한다)

2. 해당 선거구에 주민등록을 마친 후 거주하고 있을 것

④ 서류 제출 마감일을 기준으로 다음 각 호의 어느 하나에 해당하는 사람은 동별 대표자가 될 수 없으며 그 자격을 상실한다. 〈개정 2015. 8. 28.〉

1. 미성년자, 피성년후견인 또는 피한정후견인

2. 파산자로서 복권되지 아니한 사람

3. 이 법 또는 「주택법」, 「민간임대주택에 관한 특별법」, 「공공주택 특별법」, 「건축법」, 「집합건물의 소유 및 관리 에 관한 법률」 을 위반한 범죄로 금고 이상의 실형 선고를 받고 그 집행이 끝나거나(집행이 끝난 것으로 보는 경우 를 포함한다) 집행이 면제된 날부터 2년이 지나지 아니한 사람

4. 금고 이상의 형의 집행유예선고를 받고 그 유예기간 중에 있는 사람

5. 그 밖에 대통령령으로 정하는 사람

⑤ 동별 대표자가 임기 중에 제3항에 따른 자격요건을 충족하지 아니하게 된 경우나 제4항 각 호에 따른 결격사유 에 해당하게 된 경우에는 당연히 퇴임한다. 〈신설 2018. 3. 13.〉

⑥ 입주자대표회의에는 대통령령으로 정하는 바에 따라 회장, 감사 및 이사를 임원으로 둔다. 〈개정 2018. 3. 13.〉

⑦ 제6항에도 불구하고 사용자인 동별 대표자는 회장이 될 수 없다. 다만, 입주자인 동별 대표자 중에서 회장 후보 자가 없는 경우로서 선출 전에 전체 입주자 과반수의 서면동의를 얻은 경우에는 그러하지 아니하다. 〈신설 2019. 4. 23.〉

⑧ 입주자대표회의는 그 회의를 개최한 때에는 회의록을 작성하여 관리주체에게 보관하게 하고, 관리주체는 입주자 등이 회의록의 열람을 청구하거나 자기의 비용으로 복사를 요구하는 때에는 관리규약으로 정하는 바에 따라 이에 응하여야 한다. 〈개정 2018. 3. 13., 2019. 4. 23.〉

⑨ 동별 대표자의 임기나 그 제한에 관한 사항, 동별 대표자 또는 입주자대표회의 임원의 선출이나 해임 방법 등 입 주자대표회의의 구성 및 운영에 필요한 사항과 입주자대표회의의 의결

방법은 대통령령으로 정한다. 〈개정 2018. 3. 13., 2019. 4. 23.〉

⑩ 입주자대표회의의 의결사항은 관리규약, 관리비, 시설의 운영에 관한 사항 등으로 하며, 그 구체적인 내용은 대 통령령으로 정한다. 〈개정 2018. 3. 13., 2019. 4. 23.〉

⑪ 제9항 및 제10항에도 불구하고 입주자대표회의의 구성원 중 사용자인 동별 대표자가 과반수인 경우에는 대통령 령으로 그 의결방법 및 의결사항을 달리 정할 수 있다. 〈신설 2019. 4. 23.〉

제15조(동별 대표자 등의 선거관리)

① 입주자등은 동별 대표자나 입주자대표회의의 임원을 선출하거나 해임하기 위하 여 선거관리위원회(이하 "선거관리위원회"라 한다)를 구성한다.

② 다음 각 호의 어느 하나에 해당하는 사람은 선거관리위원회 위원이 될 수 없으며 그 자격을 상실한다.

　1. 동별 대표자 또는 그 후보자

　2. 제1호에 해당하는 사람의 배우자 또는 직계존비속

　3. 그 밖에 대통령령으로 정하는 사람

③ 선거관리위원회의 구성원 수, 위원장의 선출 방법, 의결의 방법 등 선거관리위원회의 구성 및 운영에 필요한 사 항은 대통령령으로 정한다.

④ 선거관리위원회는 제1항에 따른 선거관리를 위하여 「선거관리위원회법」 제2조제1항제3호에 따라 해당 소재지 를 관할하는 구·시·군선거관리위원회에 투표 및 개표 관리 등 선거 지원을 요청할 수 있다.

제16조(동별 대표자 후보자 등에 대한 범죄경력 조회 등)

① 선거관리위원회 위원장(선거관리위원회가 구성되지 아니 하였거나 위원장이 사퇴, 해임 등으로 궐위된 경우에는 입주자대표회의의 회장을 말하며, 입주자대표회의의 회장도 궐위된 경우에는 관리사무소장을 말한다. 이하 같다)은 동별 대표자 후보자에 대하여 제14조제3항에 따른 동별 대표 자의 자격요건 충족 여부와 같은 조 제4항 각 호에 따른 결격사유 해당 여부를 확인하여야 하며, 결격사유 해당 여부 를 확인하는 경우에는 동별 대표자 후보자의 동의를 받아 범죄경력을 관계 기관의 장에게 확인하여야 한다. 〈개정 2018. 3. 13.〉

② 선거관리위원회 위원장은 동별 대표자에 대하여 제14조제3항에 따른 자격요건 충족 여부와 같은 조 제4항 각 호 에 따른 결격사유 해당 여부를 확인할 수 있으며, 결격사유 해당 여부를 확인하는 경우에는 동별 대표자의 동의를 받아 범죄경력을 관계 기관의 장에게 확인하여야 한다. 〈신설 2018. 3. 13.〉

③ 제1항 및 제2항에 따른 범죄경력 확인의 절차, 방법 등에 필요한 사항은 대통령령으로 정한다. 〈개정 2018. 3. 13.〉

[제목개정 2018. 3. 13.]

제17조(입주자대표회의의 구성원 등 교육)

① 시장 · 군수 · 구청장은 대통령령으로 정하는 바에 따라 입주자대표회의 의 구성원에게 입주자대표회의의 운영과 관련하여 필요한 교육 및 윤리교육을 실시하여야 한다. 이 경우 입주자대표 회의의 구성원은 그 교육을 성실히 이수하여야 한다.

② 제1항에 따른 교육 내용에는 다음 각 호의 사항을 포함하여야 한다.

1. 공동주택의 관리에 관한 관계 법령 및 관리규약의 준칙에 관한 사항

2. 입주자대표회의의 구성원의 직무 · 소양 및 윤리에 관한 사항 3. 공동주택단지 공동체의 활성화에 관한 사항

4. 관리비 · 사용료 및 장기수선충당금에 관한 사항

5. 입주민 간 분쟁의 조정에 관한 사항

6. 하자 보수에 관한 사항

7. 그 밖에 입주자대표회의의 운영에 필요한 사항

③ 시장 · 군수 · 구청장은 입주자등이 희망하는 경우에는 제1항의 교육을 입주자등에게 실시할 수 있다. 〈신설 2018. 3. 13.〉

④ 제1항 및 제3항에 따른 교육의 시기 · 방법, 비용 부담 등에 필요한 사항은 대통령령으로 정한다. 〈개정 2018. 3. 13.〉

[제목개정 2018. 3. 13.]

제2절 관리규약 등

제18조(관리규약)

① 특별시장 · 광역시장 · 특별자치시장 · 도지사 또는 특별자치도지사(이하 "시 · 도지사"라 한다)는 공동주택의 입주자등을 보호하고 주거생활의 질서를 유지하기 위하여 대통령령으로 정하는 바에 따라 공동주택의 관리 또는 사용에 관하여 준거가 되는 관리규약의 준칙을 정하여야 한다.

② 입주자등은 제1항에 따른 관리규약의 준칙을 참조하여 관리규약을 정한다. 이 경우 「주택

법」 제35조에 따라 공 동주택에 설치하는 어린이집의 임대료 등에 관한 사항은 제1항에 따른 관리규약의 준칙, 어린이집의 안정적 운영, 보육서비스 수준의 향상 등을 고려하여 결정하여야 한다. 〈개정 2016. 1. 19., 2021. 8. 10.〉

③ 입주자등이 관리규약을 제정·개정하는 방법 등에 필요한 사항은 대통령령으로 정한다.

〈신설 2016. 1. 19.〉

④ 관리규약은 입주자등의 지위를 승계한 사람에 대하여도 그 효력이 있다. 〈개정 2016. 1. 19.〉

제19조(관리규약 등의 신고)

① 입주자대표회의의 회장(관리규약의 제정의 경우에는 사업주체 또는 의무관리대상 전환 공동주택의 관리인을 말한다)은 다음 각 호의 사항을 대통령령으로 정하는 바에 따라 시장·군수·구청장에게 신고 하여야 하며, 신고한 사항이 변경되는 경우에도 또한 같다. 다만, 의무관리대상 전환 공동주택의 관리인이 관리규약 의 제정 신고를 하지 아니하는 경우에는 입주자등의 10분의 1 이상이 연서하여 신고할 수 있다. 〈개정 2019. 4. 23., 2021. 8. 10.〉

1. 관리규약의 제정·개정
2. 입주자대표회의의 구성·변경
3. 그 밖에 필요한 사항으로서 대통령령으로 정하는 사항

② 시장·군수·구청장은 제1항에 따른 신고를 받은 날부터 7일 이내에 신고수리 여부를 신고인에게 통지하여야 한다. 〈신설 2021. 8. 10.〉

③ 시장·군수·구청장이 제2항에서 정한 기간 내에 신고수리 여부 또는 민원 처리 관련 법령에 따른 처리기간의 연장을 신고인에게 통지하지 아니하면 그 기간(민원 처리 관련 법령에 따라 처리기간이 연장 또는 재연장된 경우에 는 해당 처리기간을 말한다)이 끝난 날의 다음 날에 신고를 수리한 것으로 본다. 〈신설 2021. 8. 10.〉

제20조(층간소음의 방지 등)

① 공동주택의 입주자등은 공동주택에서 뛰거나 걷는 동작에서 발생하는 소음이나 음향기 기를 사용하는 등의 활동에서 발생하는 소음 등 층간소음[벽간소음 등 인접한 세대 간의 소음(대각선에 위치한 세대 간의 소음을 포함한다)을 포함하며, 이하 "층간소음"이라 한다]으로 인하여 다른 입주자등에게 피해를 주지 아니하도 록 노력하여야 한다. 〈개정 2017. 8. 9.〉

② 제1항에 따른 층간소음으로 피해를 입은 입주자등은 관리주체에게 층간소음 발생 사실을 알리고, 관리주체가 층 간소음 피해를 끼친 해당 입주자등에게 층간소음 발생을 중단하거나 소음차단 조치를 권고하도록 요청할 수 있다. 이 경우 관리주체는 사실관계 확인을 위하여 세

대 내 확인 등 필요한 조사를 할 수 있다. 〈개정 2020. 6. 9.〉

③ 층간소음 피해를 끼친 입주자등은 제2항에 따른 관리주체의 조치 및 권고에 협조하여야 한다. 〈개정 2017. 8. 9.〉

④ 제2항에 따른 관리주체의 조치에도 불구하고 층간소음 발생이 계속될 경우에는 층간소음 피해를 입은 입주자등 은 제71조에 따른 공동주택관리 분쟁조정위원회나 「환경분쟁 조정법」 제4조에 따른 환경분쟁조정위원회에 조정을 신청할 수 있다.

⑤ 공동주택 층간소음의 범위와 기준은 국토교통부와 환경부의 공동부령으로 정한다.

⑥ 관리주체는 필요한 경우 입주자등을 대상으로 층간소음의 예방, 분쟁의 조정 등을 위한 교육을 실시할 수 있다.

⑦ 입주자등은 필요한 경우 층간소음에 따른 분쟁의 예방, 조정, 교육 등을 위하여 자치적인 조직을 구성하여 운영 할 수 있다.

제20조의2(간접흡연의 방지 등)

① 공동주택의 입주자등은 발코니, 화장실 등 세대 내에서의 흡연으로 인하여 다른 입 주자등에게 피해를 주지 아니하도록 노력하여야 한다.

② 간접흡연으로 피해를 입은 입주자등은 관리주체에게 간접흡연 발생 사실을 알리고, 관리주체가 간접흡연 피해를 끼친 해당 입주자등에게 일정한 장소에서 흡연을 중단하도록 권고할 것을 요청할 수 있다. 이 경우 관리주체는 사실 관계 확인을 위하여 세대 내 확인 등 필요한 조사를 할 수 있다.

③ 간접흡연 피해를 끼친 입주자등은 제2항에 따른 관리주체의 권고에 협조하여야 한다.

④ 관리주체는 필요한 경우 입주자등을 대상으로 간접흡연의 예방, 분쟁의 조정 등을 위한 교육을 실시할 수 있다.

⑤ 입주자등은 필요한 경우 간접흡연에 따른 분쟁의 예방, 조정, 교육 등을 위하여 자치적인 조직을 구성하여 운영 할 수 있다.

[본조신설 2017. 8. 9.]

제21조(공동체 생활의 활성화)

① 공동주택의 입주자등은 입주자등의 소통 및 화합 증진 등을 위하여 필요한 활동을 자 율적으로 실시할 수 있고, 이를 위하여 필요한 조직을 구성하여 운영할 수 있다.

② 입주자대표회의 또는 관리주체는 공동체 생활의 활성화에 필요한 경비의 일부를 재활용품의 매각 수입 등 공동 주택을 관리하면서 부수적으로 발생하는 수입에서 지원할 수 있다.

③ 제2항에 따른 경비의 지원은 관리규약으로 정하거나 관리규약에 위배되지 아니하는 범위에서 입주자대표회의의 의결로 정한다.

제22조(전자적 방법을 통한 의사결정)

① 입주자등은 동별 대표자나 입주자대표회의의 임원을 선출하는 등 공동주택의 관리와 관련하여 의사를 결정하는 경우(서면동의에 의하여 의사를 결정하는 경우를 포함한다) 대통령령으로 정하는 바에 따라 전자적 방법(「전자문서 및 전자거래 기본법」 제2조제2호에 따른 정보처리시스템을 사용하거나 그 밖에 정보통신기술을 이용하는 방법을 말한다. 이하 같다)을 통하여 그 의사를 결정할 수 있다. 〈개정 2017. 8. 9., 2021. 4. 13.〉

② 의무관리대상 공동주택의 입주자대표회의, 관리주체 및 선거관리위원회는 입주자등의 참여를 확대하기 위하여 제1항에 따른 공동주택의 관리와 관련한 의사결정에 대하여 전자적 방법을 우선적으로 이용하도록 노력하여야 한 다. 〈신설 2021. 4. 13.〉

제4장 관리비 및 회계운영

제23조(관리비 등의 납부 및 공개 등)

① 의무관리대상 공동주택의 입주자등은 그 공동주택의 유지관리를 위하여 필요 한 관리비를 관리주체에게 납부하여야 한다.

② 제1항에 따른 관리비의 내용 등에 필요한 사항은 대통령령으로 정한다.

③ 제1항에 따른 관리주체는 입주자등이 납부하는 대통령령으로 정하는 사용료 등을 입주자등을 대행하여 그 사용 료 등을 받을 자에게 납부할 수 있다.

④ 제1항에 따른 관리주체는 다음 각 호의 내역(항목별 산출내역을 말하며, 세대별 부과내역은 제외한다)을 대통령 령으로 정하는 바에 따라 해당 공동주택단지의 인터넷 홈페이지(인터넷 홈페이지가 없는 경우에는 인터넷 포털을 통하여 관리주체가 운영 · 통제하는 유사한 기능의 웹사이트 또는 관리사무소의 게시판을 말한다. 이하 같다) 및 동 별 게시판(통로별 게시판이 설치된 경우에는 이를 포함한다. 이하 같다)과 제88조제1항에 따라 국토교통부장관이 구축 · 운영하는 공동주택관리정보시스템(이하 "공동주택관리정보시스템"이라 한다)에 공개하

여야 한다. 다만, 공동 주택관리정보시스템에 공개하기 곤란한 경우로서 대통령령으로 정하는 경우에는 해당 공동주택단지의 인터넷 홈 페이지 및 동별 게시판에만 공개할 수 있다.

〈개정 2019. 4. 23.〉

1. 제2항에 따른 관리비

2. 제3항에 따른 사용료 등

3. 제30조제1항에 따른 장기수선충당금과 그 적립금액

4. 그 밖에 대통령령으로 정하는 사항

⑤ 의무관리대상이 아닌 공동주택으로서 대통령령으로 정하는 세대 수 이상인 공동주택의 관리인은 관리비 등의 내역을 제4항의 공개방법에 따라 공개하여야 한다. 이 경우 공동주택관리정보시스템 공개는 생략할 수 있으며, 구 체적인 공개 내역·기한 등은 대통령령으로 정한다.

〈신설 2019. 4. 23.〉

제24조(관리비예치금)

① 관리주체는 해당 공동주택의 공용부분의 관리 및 운영 등에 필요한 경비(이하 "관리비예치금"이라 한다)를 공동주택의 소유자로부터 징수할 수 있다.

② 관리주체는 소유자가 공동주택의 소유권을 상실한 경우에는 제1항에 따라 징수한 관리비예치금을 반환하여야 한다. 다만, 소유자가 관리비·사용료 및 장기수선충당금 등을 미납한 때에는 관리비예치금에서 정산한 후 그 잔액을 반환할 수 있다.

③ 관리비예치금의 징수·관리 및 운영 등에 필요한 사항은 대통령령으로 정한다.

제25조(관리비등의 집행을 위한 사업자 선정)

의무관리대상 공동주택의 관리주체 또는 입주자대표회의가 제23조제4항 제1호부터 제3호까지의 어느 하나에 해당하는 금전 또는 제38조제1항에 따른 하자보수보증금과 그 밖에 해당 공동 주택단지에서 발생하는 모든 수입에 따른 금전(이하 "관리비등"이라 한다)을 집행하기 위하여 사업자를 선정하려는 경우 다음 각 호의 기준을 따라야 한다.

1. 전자입찰방식으로 사업자를 선정할 것. 다만, 선정방법 등이 전자입찰방식을 적용하기 곤란한 경우로서 국토교통 부장관이 정하여 고시하는 경우에는 전자입찰방식으로 선정하지 아니할 수 있다.

2. 그 밖에 입찰의 방법 등 대통령령으로 정하는 방식을 따를 것

제26조(회계감사)

① 300세대 이상인 공동주택의 관리주체는 대통령령으로 정하는 바에 따라 「주식회사 등의 외부감 사에 관한 법률」 제2조제7호에 따른 감사인(이하 이 조에서 "감사인"이라 한다)의 회계감사를 매년 1회 이상 받아야 한다. 다만, 회계감사를 받지 아니하기로 해당 공동주택 입주자등의 3분의 2 이상의 서면동의를 받은 연도에는 그러 하지 아니하다. 〈개정 2017. 10. 31.〉

② 300세대 미만인 공동주택으로서 의무관리대상 공동주택의 관리주체는 다음 각 호의 어느 하나에 해당하는 경우 감사인의 회계감사를 받아야 한다.

1. 입주자등의 10분의 1 이상이 연서하여 요구한 경우

2. 입주자대표회의에서 의결하여 요구한 경우

③ 관리주체는 제1항 또는 제2항에 따라 회계감사를 받은 경우에는 감사보고서 등 회계감사의 결과를 제출받은 날 부터 1개월 이내에 입주자대표회의에 보고하고 해당 공동주택단지의 인터넷 홈페이지 및 동별 게시판에 공개하여 야 한다. 〈개정 2019. 4. 23.〉

④ 제1항 또는 제2항에 따른 회계감사의 감사인은 입주자대표회의가 선정한다. 이 경우 입주자대표회의는 시장 · 군수 · 구청장 또는 「공인회계사법」 제41조에 따른 한국공인회계사회에 감사인의 추천을 의뢰할 수 있으며, 입주자 등의 10분의 1 이상이 연서하여 감사인의 추천을 요구하는 경우 입주자대표회의는 감사인의 추천을 의뢰한 후 추 천을 받은 자 중에서 감사인을 선정하여야 한다. 〈개정 2019. 4. 23.〉

⑤ 제1항 또는 제2항에 따라 회계감사를 받는 관리주체는 다음 각 호의 어느 하나에 해당하는 행위를 하여서는 아 니 된다.

1. 정당한 사유 없이 감사인의 자료열람 · 등사 · 제출 요구 또는 조사를 거부 · 방해 · 기피하는 행위

2. 감사인에게 거짓 자료를 제출하는 등 부정한 방법으로 회계감사를 방해하는 행위

⑥ 제1항 또는 제2항에 따른 회계감사의 감사인은 회계감사 완료일부터 1개월 이내에 회계감사 결과를 해당 공동 주택을 관할하는 시장 · 군수 · 구청장에게 제출하고 공동주택관리정보시스템에 공개하여야 한다. 〈신설 2017. 3. 21., 2019. 4. 23.〉

제27조(회계서류의 작성 · 보관 및 공개 등)

① 의무관리대상 공동주택의 관리주체는 관리비등의 징수 · 보관 · 예치 · 집행 등 모든 거래행위에 관하여 장부를 월별로 작성하여 그 증빙서류와 함께 해당 회계연도 종료일부터 5년간 보 관하여야 한다. 이 경우 관리주체는 「전자문서 및 전자거래 기본법」 제2조제2호에 따른 정보처리시스템을 통하여 장부 및 증빙서류를 작성하거나 보관할 수 있다.

② 국토교통부장관은 제1항에 따른 회계서류에 필요한 사항을 정하여 고시할 수 있다.

〈신설 2021. 8. 10.〉

③ 제1항에 따른 관리주체는 입주자등이 제1항에 따른 장부나 증빙서류, 그 밖에 대통령령으로 정하는 정보의 열람 을 요구하거나 자기의 비용으로 복사를 요구하는 때에는 관리규약으로 정하는 바에 따라 이에 응하여야 한다. 다만, 다음 각 호의 정보는 제외하고 요구에 응하여야 한다.

〈개정 2021. 8. 10.〉

1. 「개인정보 보호법」 제24조에 따른 고유식별정보 등 개인의 사생활의 비밀 또는 자유를 침해할 우려가 있는 정보
2. 의사결정과정 또는 내부검토과정에 있는 사항 등으로서 공개될 경우 업무의 공정한 수행 에 현저한 지장을 초래 할 우려가 있는 정보

제28조(계약서의 공개)

의무관리대상 공동주택의 관리주체 또는 입주자대표회의는 제7조제1항 또는 제25조에 따라 선정한 주택관리업자 또는 공사, 용역 등을 수행하는 사업자와 계약을 체결하는 경우 계약 체결일부터 1개월 이내에 그 계약서를 해당 공동주택단지의 인터넷 홈페이지 및 동별 게시판에 공개하여야 한다. 이 경우 제27조제3항제1호 의 정보는 제외하고 공개하여야 한다.

〈개정 2019. 4. 23., 2021. 8. 10.〉

제5장 시설관리 및 행위허가

제29조(장기수선계획)

① 다음 각 호의 어느 하나에 해당하는 공동주택을 건설·공급하는 사업주체(「건축법」 제11조 에 따른 건축허가를 받아 주택 외의 시설과 주택을 동일 건축물로 건축하는 건축주를 포함한다. 이하 이 조에서 같다) 또는 「주택법」 제66조제1항 및 제2항에 따라 리모델링을 하는 자는 대통령령으로 정하는 바에 따라 그 공동주택 의 공용부분에 대한 장기수선계획을 수립하여 「주택법」 제49조에 따른 사용검사(제4호의 경우에는 「건축법」 제 22조에 따른 사용승인을 말한다. 이하 이 조에서 같다)를 신청할 때에 사용검사권자에게 제출하고, 사용

검사권자는 이를 그 공동주택의 관리주체에게 인계하여야 한다. 이 경우 사용검사권자는 사업주체 또는 리모델링을 하는 자에게 장기수선계획의 보완을 요구할 수 있다.

〈개정 2016. 1. 19.〉

1. 300세대 이상의 공동주택

2. 승강기가 설치된 공동주택

3. 중앙집중식 난방방식 또는 지역난방방식의 공동주택

4. 「건축법」 제11조에 따른 건축허가를 받아 주택 외의 시설과 주택을 동일 건축물로 건축한 건축물

② 입주자대표회의와 관리주체는 장기수선계획을 3년마다 검토하고, 필요한 경우 이를 국토교통부령으로 정하는 바에 따라 조정하여야 하며, 수립 또는 조정된 장기수선계획에 따라 주요 시설을 교체하거나 보수하여야 한다. 이 경 우 입주자대표회의와 관리주체는 장기수선계획에 대한 검토사항을 기록하고 보관하여야 한다.

③ 입주자대표회의와 관리주체는 주요시설을 신설하는 등 관리여건상 필요하여 전체 입주자 과반수의 서면동의를 받은 경우에는 3년이 지나기 전에 장기수선계획을 조정할 수 있다.

〈개정 2020. 6. 9.〉

④ 관리주체는 장기수선계획을 검토하기 전에 해당 공동주택의 관리사무소장으로 하여금 국토교통부령으로 정하 는 바에 따라 시·도지사가 실시하는 장기수선계획의 비용산출 및 공사방법 등에 관한 교육을 받게 할 수 있다.

제30조(장기수선충당금의 적립)

① 관리주체는 장기수선계획에 따라 공동주택의 주요 시설의 교체 및 보수에 필요한 장기수선충당금을 해당 주택의 소유자로부터 징수하여 적립하여야 한다.

② 장기수선충당금의 사용은 장기수선계획에 따른다. 다만, 해당 공동주택의 입주자 과반수의 서면동의가 있는 경 우에는 다음 각 호의 용도로 사용할 수 있다.

1. 제45조에 따른 조정등의 비용

2. 제48조에 따른 하자진단 및 감정에 드는 비용

3. 제1호 또는 제2호의 비용을 청구하는 데 드는 비용

③ 제1항에 따른 주요 시설의 범위, 교체·보수의 시기 및 방법 등에 필요한 사항은 국토교통부령으로 정한다.

④ 장기수선충당금의 요율·산정방법·적립방법 및 사용절차와 사후관리 등에 필요한 사항은 대통령령으로 정한 다.

제31조(설계도서의 보관 등)

의무관리대상 공동주택의 관리주체는 공동주택의 체계적인 유지관리를 위하여 대통령령 으로 정하는 바에 따라 공동주택의 설계도서 등을 보관하고, 공동주택 시설의 교체·보수 등의 내용을 기록·보관· 유지하여야 한다.

제32조(안전관리계획 및 교육 등)

① 의무관리대상 공동주택의 관리주체는 해당 공동주택의 시설물로 인한 안전사고를 예방하기 위하여 대통령령으로 정하는 바에 따라 안전관리계획을 수립하고, 이에 따라 시설물별로 안전관리자 및 안 전관리책임자를 지정하여 이를 시행하여야 한다.

② 다음 각 호의 사람은 국토교통부령으로 정하는 바에 따라 공동주택단지의 각종 안전사고의 예방과 방범을 위하 여 시장·군수·구청장이 실시하는 방범교육 및 안전교육을 받아야 한다.

1. 경비업무에 종사하는 사람

2. 제1항의 안전관리계획에 따라 시설물 안전관리자 및 안전관리책임자로 선정된 사람

③ 시장·군수·구청장은 제2항에 따른 방범교육 및 안전교육을 국토교통부령으로 정하는 바에 따라 다음 각 호의 구분에 따른 기관 또는 법인에 위임하거나 위탁하여 실시할 수 있다.

1. 방범교육: 관할 경찰서장 또는 제89조제2항에 따라 인정받은 법인

2. 소방에 관한 안전교육: 관할 소방서장 또는 제89조제2항에 따라 인정받은 법인

3. 시설물에 관한 안전교육: 제89조제2항에 따라 인정받은 법인

제33조(안전점검)

① 의무관리대상 공동주택의 관리주체는 그 공동주택의 기능유지와 안전성 확보로 입주자등을 재해 및 재난 등으로부터 보호하기 위하여 「시설물의 안전 및 유지관리에 관한 특별법」 제21조에 따른 지침에서 정하는 안전점검의 실시 방법 및 절차 등에 따라 공동주택의 안전점검을 실시하여야 한다. 다만, 16층 이상의 공동주택 및 사용연수, 세대수, 안전등급, 층수 등을 고려하여 대통령령으로 정하는 15층 이하의 공동주택에 대하여는 대통령령 으로 정하는 자로 하여금 안전점검을 실시하도록 하여야 한다. 〈개정 2016. 1. 19., 2017. 1. 17.〉

② 제1항에 따른 관리주체는 안전점검의 결과 건축물의 구조·설비의 안전도가 매우 낮아 재해 및 재난 등이 발생 할 우려가 있는 경우에는 지체 없이 입주자대표회의(임대주택은 임대사업자를 말한다. 이하 이 조에서 같다)에 그 사실을 통보한 후 대통령령으로 정하는 바에 따라 시장·군수·구청장에게 그 사실을 보고하고, 해당 건축물의 이 용 제한 또는 보수 등 필요

한 조치를 하여야 한다.

③ 의무관리대상 공동주택의 입주자대표회의 및 관리주체는 건축물과 공중의 안전 확보를 위하여 건축물의 안전점검과 재난예방에 필요한 예산을 매년 확보하여야 한다.

④ 공동주택의 안전점검 방법, 안전점검의 실시 시기, 안전점검을 위한 보유 장비, 그 밖에 안전점검에 필요한 사항 은 대통령령으로 정한다.

제34조(소규모 공동주택의 안전관리)

지방자치단체의 장은 의무관리대상 공동주택에 해당하지 아니하는 공동주택의 관리와 안전사고의 예방 등을 위하여 다음 각 호의 업무를 할 수 있다.

1. 제32조에 따른 시설물에 대한 안전관리계획의 수립 및 시행
2. 제33조에 따른 공동주택에 대한 안전점검 3. 그 밖에 지방자치단체의 조례로 정하는 사항

제35조(행위허가 기준 등)

① 공동주택(일반인에게 분양되는 복리시설을 포함한다. 이하 이 조에서 같다)의 입주자등 또는 관리주체가 다음 각 호의 어느 하나에 해당하는 행위를 하려는 경우에는 허가 또는 신고와 관련된 면적, 세대수 또는 입주자나 입주자등의 동의 비율에 관하여 대통령령으로 정하는 기준 및 절차 등에 따라 시장·군수·구청장의 허가를 받거나 시장·군수·구청장에게 신고를 하여야 한다. 〈개정 2019. 4. 23., 2021. 8. 10.〉

1. 공동주택을 사업계획에 따른 용도 외의 용도에 사용하는 행위
2. 공동주택을 증축·개축·대수선하는 행위(「주택법」 에 따른 리모델링은 제외한다)
3. 공동주택을 파손하거나 해당 시설의 전부 또는 일부를 철거하는 행위(국토교통부령으로 정하는 경미한 행위는 제외한다)

3의2. 「주택법」 제2조제19호에 따른 세대구분형 공동주택을 설치하는 행위 4. 그 밖에 공동주택의 효율적 관리에 지장을 주는 행위로서 대통령령으로 정하는 행위

② 시장·군수·구청장은 제1항에 따른 신고를 받은 경우 그 내용을 검토하여 이 법에 적합하면 신고를 수리하여야 한다. 〈신설 2021. 8. 10.〉

③ 제1항에 따른 행위에 관하여 시장·군수·구청장이 관계 행정기관의 장과 협의하여 허가를 하거나 신고의 수리 를 한 사항에 관하여는 「주택법」 제19조를 준용하며, 「건축법」 제19조에 따른 신고의 수리를 한 것으로 본다. 〈개정 2016. 1. 19., 2021. 8. 10.〉

④ 공동주택의 시공 또는 감리 업무를 수행하는 자는 공동주택의 입주자등 또는 관리주체가 허가를 받거나 신고를 하지 아니하고 제1항 각 호의 어느 하나에 해당하는 행위를 하는 경우 그

행위에 협조하여 공동주택의 시공 또는 감리 업무를 수행하여서는 아니 된다. 이 경우 공동주택의 시공 또는 감리 업무를 수행하는 자는 입주자등 또는 관 리주체가 허가를 받거나 신고를 하였는지를 사전에 확인하여야 한다. 〈개정 2021. 8. 10.〉

⑤ 공동주택의 입주자등 또는 관리주체가 제1항에 따른 행위에 관하여 시장·군수·구청장의 허가를 받거나 신고 를 한 후 그 공사를 완료하였을 때에는 시장·군수·구청장의 사용검사를 받아야 하며, 사용검사에 관하여는 「주택 법」 제49조를 준용한다.

〈개정 2016. 1. 19., 2021. 8. 10.〉

⑥ 시장·군수·구청장은 제1항에 해당하는 자가 거짓이나 그 밖의 부정한 방법으로 제1항부터 제3항까지에 따른 허가를 받거나 신고를 한 경우에는 그 허가나 신고의 수리를 취소할 수 있다.

〈개정 2021. 8. 10.〉

제6장 하자담보책임 및 하자분쟁조정

제1절 하자담보책임 및 하자보수

제36조(하자담보책임)

① 다음 각 호의 사업주체(이하 이 장에서 "사업주체"라 한다)는 공동주택의 하자에 대하여 분양에 따른 담보책임(제3호 및 제4호의 시공자는 수급인의 담보책임을 말한다)을 진다.

〈개정 2017. 4. 18.〉

1. 「주택법」 제2조제10호 각 목에 따른 자
2. 「건축법」 제11조에 따른 건축허가를 받아 분양을 목적으로 하는 공동주택을 건축한 건축주
3. 제35조제1항제2호에 따른 행위를 한 시공자
4. 「주택법」 제66조에 따른 리모델링을 수행한 시공자

② 제1항에도 불구하고 「공공주택 특별법」 제2조제1호가목에 따라 임대한 후 분양전환을 할 목적으로 공급하는 공 동주택(이하 "공공임대주택"이라 한다)을 공급한 제1항제1호의 사업주체는 분양전환이 되기 전까지는 임차인에 대 하여 하자보수에 대한 담보책임(제37조제2항

에 따른 손해배상책임은 제외한다)을 진다. 〈신설 2017. 4. 18., 2020. 6. 9.〉

③ 제1항 및 제2항에 따른 담보책임의 기간(이하 "담보책임기간"이라 한다)은 하자의 중대성, 시설물의 사용 가능 햇수 및 교체 가능성 등을 고려하여 공동주택의 내력구조부별 및 시설공사별로 10년의 범위에서 대통령령으로 정한다. 이 경우 담보책임기간은 다음 각 호의 날부터 기산한다. 〈개정 2016. 1. 19., 2017. 4. 18., 2020. 6. 9.〉

1. 전유부분: 입주자(제2항에 따른 담보책임의 경우에는 임차인)에게 인도한 날

2. 공용부분: 「주택법」 제49조에 따른 사용검사일(같은 법 제49조제4항 단서에 따라 공동주택의 전부에 대하여 임시 사용승인을 받은 경우에는 그 임시 사용승인일을 말하고, 같은 법 제49조제1항 단서에 따라 분할 사용검사나 동별 사용검사를 받은 경우에는 그 분할 사용검사일 또는 동별 사용검사일을 말한다) 또는 「건축법」 제22조에 따른 공동주택의 사용승인일

④ 제1항의 하자(이하 "하자"라 한다)는 공사상 잘못으로 인하여 균열·침하(沈下)·파손·들뜸·누수 등이 발생하여 건축물 또는 시설물의 안전상·기능상 또는 미관상의 지장을 초래할 정도의 결함을 말하며, 그 구체적인 범위는 대통령령으로 정한다. 〈개정 2017. 4. 18.〉

제37조(하자보수 등)

① 사업주체(「건설산업기본법」 제28조에 따라 하자담보책임이 있는 자로서 제36조제1항에 따른 사업주체로부터 건설공사를 일괄 도급받아 건설공사를 수행한 자가 따로 있는 경우에는 그 자를 말한다. 이하 이 장에서 같다)는 담보책임기간에 하자가 발생한 경우에는 해당 공동주택의 제1호부터 제4호까지에 해당하는 자(이하 이 장에서 "입주자대표회의등"이라 한다) 또는 제5호에 해당하는 자의 청구에 따라 그 하자를 보수하여야 한다. 이 경우 하자보수의 절차 및 종료 등에 필요한 사항은 대통령령으로 정한다. 〈개정 2017. 4. 18.〉

1. 입주자

2. 입주자대표회의

3. 관리주체(하자보수청구 등에 관하여 입주자 또는 입주자대표회의를 대행하는 관리주체를 말한다)

4. 「집합건물의 소유 및 관리에 관한 법률」에 따른 관리단

5. 공공임대주택의 임차인 또는 임차인대표회의(이하 "임차인등"이라 한다)

② 사업주체는 담보책임기간에 공동주택에 하자가 발생한 경우에는 하자 발생으로 인한 손해를 배상할 책임이 있다. 이 경우 손해배상책임에 관하여는 「민법」 제667조를 준용한다.

〈개정 2017. 4. 18.〉

③ 제1항에 따라 청구된 하자의 보수와 제2항에 따른 손해배상책임을 위하여 필요한 하자의 조사방법 및 기준, 하자 보수비용의 산정방법 등에 관하여는 제39조제4항에 따라 정하는 하자판정에 관한 기준을 준용할 수 있다. 〈신설 2020. 12. 8.〉

④ 시장·군수·구청장은 담보책임기간에 공동주택의 구조안전에 중대한 하자가 있다고 인정하는 경우에는 안전 진단기관에 의뢰하여 안전진단을 할 수 있다. 이 경우 안전진단의 대상·절차 및 비용 부담에 관한 사항과 안전진단 실시기관의 범위 등에 필요한 사항은 대통령령으로 정한다. 〈개정 2020. 12. 8.〉

⑤ 시장·군수·구청장은 제1항에 따라 입주자대표회의등 및 임차인등이 하자보수를 청구한 사항에 대하여 사업주체가 정당한 사유 없이 따르지 아니할 때에는 시정을 명할 수 있다.
〈신설 2017. 4. 18., 2020. 6. 9., 2020. 12. 8.〉

제38조(하자보수보증금의 예치 및 사용)

① 사업주체는 대통령령으로 정하는 바에 따라 하자보수를 보장하기 위하여 하자보수보증금을 담보책임기간(보증기간은 공용부분을 기준으로 기산한다) 동안 예치하여야 한다. 다만, 국가·지방자치단체·한국토지주택공사 및 지방공사인 사업주체의 경우에는 그러하지 아니하다. 〈개정 2017. 4. 18.〉

② 입주자대표회의등은 제1항에 따른 하자보수보증금을 제39조에 따른 하자심사·분쟁조정위원회의 하자 여부 판정 등에 따른 하자보수비용 등 대통령령으로 정하는 용도로만 사용하여야 하며, 의무관리대상 공동주택의 경우에는 하자보수보증금의 사용 후 30일 이내에 그 사용 내역을 국토교통부령으로 정하는 바에 따라 시장·군수·구청장에게 신고하여야 한다.

③ 제1항에 따른 하자보수보증금을 예치받은 자(이하 "하자보수보증금의 보증서 발급기관"이라 한다)는 하자보수보증금을 의무관리대상 공동주택의 입주자대표회의에 지급한 날부터 30일 이내에 지급 내역을 국토교통부령으로 정하는 바에 따라 관할 시장·군수·구청장에게 통보하여야 한다. 〈신설 2017. 4. 18.〉

④ 시장·군수·구청장은 제2항에 따른 하자보수보증금 사용내역과 제3항에 따른 하자보수보증금 지급 내역을 매년 국토교통부령으로 정하는 바에 따라 국토교통부장관에게 제공하여야 한다. 〈신설 2020. 10. 20.〉

⑤ 하자보수보증금의 지급을 위하여 필요한 하자의 조사방법 및 기준, 하자 보수비용의 산정방법 등에 관하여는 제39조제4항에 따라 정하는 하자판정에 관한 기준을 준용할 수 있다.
〈신설 2020. 12. 8.〉

⑥ 제1항부터 제3항까지에서 규정한 사항 외에 하자보수보증금의 예치금액·증서의 보관, 청

구요건, 지급시기 · 기 준 및 반환 등에 필요한 사항은 대통령령으로 정한다.

〈신설 2017. 4. 18., 2020. 10. 20., 2020. 12. 8.〉

제38조의2(하자보수청구 서류 등의 보관 등)

① 하자보수청구 등에 관하여 입주자 또는 입주자대표회의를 대행하는 관 리주체(제2조제1항 제10호가목부터 다목까지의 규정에 따른 관리주체를 말한다. 이하 이 조에서 같다)는 하자보수 이 력, 담보책임기간 준수 여부 등의 확인에 필요한 것으로서 하자보수청구 서류 등 대통령령으로 정하는 서류를 대통 령령으로 정하는 바에 따라 보관하여야 한다.

② 제1항에 따라 하자보수청구 서류 등을 보관하는 관리주체는 입주자 또는 입주자대표회의가 해당 하자보수청구 서류 등의 제공을 요구하는 경우 대통령령으로 정하는 바에 따라 이를 제공하여야 한다.

③ 공동주택의 관리주체가 변경되는 경우 기존 관리주체는 새로운 관리주체에게 제13조제1항을 준용하여 해당 공 동주택의 하자보수청구 서류 등을 인계하여야 한다.

[본조신설 2020. 12. 8.]

제2절 하자심사 · 분쟁조정 및 분쟁재정 〈개정 2020. 12. 8.〉

제39조(하자심사 · 분쟁조정위원회의 설치 등)

① 제36조부터 제38조까지에 따른 담보책임 및 하자보수 등과 관련한 제2항의 사무를 관장하기 위하여 국토교통부에 하자심사 · 분쟁조정위원회(이하 "하자분쟁조정위원회"라 한다)를 둔다.

〈개정 2020. 12. 8.〉

② 하자분쟁조정위원회의 사무는 다음 각 호와 같다.

〈개정 2017. 4. 18., 2020. 12. 8.〉

1. 하자 여부 판정

2. 하자담보책임 및 하자보수 등에 대한 사업주체 · 하자보수보증금의 보증서 발급기관(이하 "사업주체등"이라 한다)과 입주자대표회의등 · 임차인등 간의 분쟁의 조정 및 재정

3. 하자의 책임범위 등에 대하여 사업주체등 · 설계자 및 감리자 간에 발생하는 분쟁의 조정 및 재정

4. 다른 법령에서 하자분쟁조정위원회의 사무로 규정된 사항

③ 하자분쟁조정위원회에 하자심사 · 분쟁조정 또는 분쟁재정(이하 "조정등"이라 한다)을 신청하려는 자는 국토교 통부령으로 정하는 바에 따라 신청서를 제출하여야 한다.

④ 제3항에 따라 신청된 조정등을 위하여 필요한 하자의 조사방법 및 기준, 하자 보수비용의 산정방법 등이 포함된 하자판정에 관한 기준은 대통령령으로 정한다. 〈개정 2020. 12. 8.〉

[제목개정 2020. 12. 8.]

제40조(하자분쟁조정위원회의 구성 등)

① 하자분쟁조정위원회는 위원장 1명을 포함한 60명 이내의 위원으로 구성하 며, 위원장은 상임으로 한다. 〈개정 2017. 4. 18., 2020. 12. 8.〉

② 하자분쟁조정위원회에 하자 여부 판정, 분쟁조정 및 분쟁재정을 전문적으로 다루는 분과위원회를 둔다. 〈개정 2020. 12. 8.〉

③ 하자 여부 판정 또는 분쟁조정을 다루는 분과위원회는 하자분쟁조정위원회의 위원장(이하 "위원장"이라 한다)이 지명하는 9명 이상 15명 이하의 위원으로 구성한다. 〈신설 2020. 12. 8.〉

④ 분쟁재정을 다루는 분과위원회는 위원장이 지명하는 5명의 위원으로 구성하되, 제7항제3호에 해당하는 사람이 1명 이상 포함되어야 한다. 〈신설 2020. 12. 8.〉

⑤ 위원장 및 분과위원회의 위원장(이하 "분과위원장"이라 한다)은 국토교통부장관이 임명한다. 〈개정 2020. 12. 8.〉

⑥ 위원장은 분과위원회별로 사건의 심리 등을 위하여 전문분야 등을 고려하여 3명 이상 5명 이하의 위원으로 소위 원회를 구성할 수 있다. 이 경우 위원장이 해당 분과위원회 위원 중에서 소위원회의 위원장(이하 "소위원장"이라 한 다)을 지명한다. 〈개정 2020. 12. 8.〉

⑦ 하자분쟁조정위원회의 위원은 공동주택 하자에 관한 학식과 경험이 풍부한 사람으로서 다음 각 호의 어느 하나 에 해당하는 사람 중에서 국토교통부장관이 임명 또는 위촉한다. 이 경우 제3호에 해당하는 사람이 9명 이상 포함 되어야 한다. 〈개정 2017. 4. 18., 2020. 12. 8.〉

1. 1급부터 4급까지 상당의 공무원 또는 고위공무원단에 속하는 공무원이거나 이와 같은 직에 재직한 사람

2. 공인된 대학이나 연구기관에서 부교수 이상 또는 이에 상당하는 직에 재직한 사람

3. 판사 · 검사 또는 변호사의 직에 6년 이상 재직한 사람

4. 건설공사, 전기공사, 정보통신공사, 소방시설공사, 시설물 정밀안전진단 또는 감정평가에 관한 전문적 지식을 갖 추고 그 업무에 10년 이상 종사한 사람

5. 주택관리사로서 공동주택의 관리사무소장으로 10년 이상 근무한 사람

6. 「건축사법」 제23조제1항에 따라 신고한 건축사 또는 「기술사법」 제6조제1항에 따라 등록한 기술사로서 그 업무 에 10년 이상 종사한 사람

7. 삭제〈2017. 4. 18.〉

⑧ 위원장과 공무원이 아닌 위원의 임기는 2년으로 하되 연임할 수 있으며, 보궐위원의 임기는 전임자의 남은 임기로 한다.　　　　　　　　　　　　　　　　　　　〈개정 2020. 12. 8.〉

⑨ 하자분쟁조정위원회의 위원 중 공무원이 아닌 위원은 다음 각 호에 해당하는 경우를 제외하고는 본인의 의사에 반하여 해촉되지 아니한다.　　　　　　　　　〈개정 2020. 12. 8.〉

　　1. 신체상 또는 정신상의 장애로 직무를 수행할 수 없는 경우

　　2. 「국가공무원법」 제33조 각 호의 어느 하나에 해당하는 경우

　　3. 그 밖에 직무상의 의무 위반 등 대통령령으로 정하는 해촉 사유에 해당하는 경우

⑩ 위원장은 하자분쟁조정위원회를 대표하고 그 직무를 총괄한다. 다만, 위원장이 부득이한 사유로 직무를 수행할 수 없는 경우에는 위원장이 미리 지명한 분과위원장 순으로 그 직무를 대행한다.　　　　　　　　　　　　　　　　　　　　　　　　　　　〈개정 2020. 12. 8.〉

제41조(위원의 제척 등)

① 하자분쟁조정위원회의 위원이 다음 각 호의 어느 하나에 해당하는 경우에는 그 사건의 조정 등에서 제척된다.　　　　　　　　　　　　　　　　　　　　　　〈개정 2021. 8. 10.〉

　　1. 위원 또는 그 배우자나 배우자였던 사람이 해당 사건의 당사자가 되거나 해당 사건에 관하여 공동의 권리자 또는 의무자의 관계에 있는 경우

　　2. 위원이 해당 사건의 당사자와 친족관계에 있거나 있었던 경우

　　3. 위원이 해당 사건에 관하여 증언이나 제48조에 따른 하자진단 또는 하자감정을 한 경우

　　4. 위원이 해당 사건에 관하여 당사자의 대리인으로서 관여하였거나 관여한 경우

　　5. 위원이 해당 사건의 원인이 된 처분 또는 부작위에 관여한 경우

　　6. 위원이 최근 3년 이내에 해당 사건의 당사자인 법인 또는 단체의 임원 또는 직원으로 재직하거나 재직하였던 경우

　　7. 위원이 속한 법인 또는 단체(최근 3년 이내에 속하였던 경우를 포함한다)가 해당 사건에 관하여 설계, 감리, 시공, 자문, 감정 또는 조사를 수행한 경우 8. 위원이 최근 3년 이내에 해당 사건 당사자인 법인 또는 단체가 발주한 설계, 감리, 시공, 감정 또는 조사를 수행한 경우

② 하자분쟁조정위원회는 제척의 원인이 있는 경우에는 직권 또는 당사자의 신청에 따라 제척 결정을 하여야 한다.

③ 당사자는 위원에게 공정한 조정등을 기대하기 어려운 사정이 있는 경우에는 하자분쟁조정위원회에 기피신청을 할 수 있으며, 하자분쟁조정위원회는 기피신청이 타당하다고 인정하면

기피 결정을 하여야 한다.

④ 위원은 제1항 또는 제3항의 사유에 해당하는 경우에는 스스로 그 사건의 조정등에서 회피(回避)하여야 한다.

⑤ 하자분쟁조정위원회는 제3항에 따른 기피신청을 받으면 그 신청에 대한 결정을 할 때까지 조정등의 절차를 중지 하여야 하고, 기피신청에 대한 결정을 한 경우 지체 없이 당사자에게 통지하여야 한다. 〈신설 2021. 8. 10.〉

⑥ 조정등의 절차에 관여하는 제49조제1항에 따른 하자분쟁조정위원회의 운영 및 사무처리를 위한 조직의 직원에 대하여는 제1항부터 제5항까지의 규정을 준용한다. 〈개정 2021. 8. 10.〉

제42조(하자분쟁조정위원회 회의 등)

① 위원장은 전체위원회, 분과위원회 및 소위원회의 회의를 소집하며, 해당 회의 의 의장은 다음 각 호의 구분에 따른다.

1. 전체위원회: 위원장

2. 분과위원회: 분과위원장. 다만, 제43조제5항에 따른 재심의 등 대통령령으로 정하는 사항을 심의하는 경우에는 위원장이 의장이 된다.

3. 소위원회: 소위원장

② 전체위원회는 다음 각 호에 해당하는 사항을 심의ㆍ의결한다. 이 경우 회의는 재적위원 과반수의 출석으로 개의 하고 그 출석위원 과반수의 찬성으로 의결한다.

1. 하자분쟁조정위원회 의사에 관한 규칙의 제정ㆍ개정 및 폐지에 관한 사항

2. 분과위원회에서 전체위원회의 심의ㆍ의결이 필요하다고 요구하는 사항

3. 그 밖에 위원장이 필요하다고 인정하는 사항

③ 분과위원회는 하자 여부 판정, 분쟁조정 및 분쟁재정 사건을 심의ㆍ의결하며, 회의는 그 구성원 과반수(분쟁재정 을 다루는 분과위원회의 회의의 경우에는 그 구성원 전원을 말한다) 의 출석으로 개의하고 출석위원 과반수의 찬성 으로 의결한다. 이 경우 분과위원회에서 의결한 사항은 하자분쟁조정위원회에서 의결한 것으로 본다. 〈개정 2020. 12. 8.〉

④ 소위원회는 다음 각 호에 해당하는 사항을 심의ㆍ의결하거나, 소관 분과위원회의 사건에 대한 심리 등을 수행하 며, 회의는 그 구성원 과반수의 출석으로 개의하고 출석위원 전원의 찬성으로 의결한다. 이 경우 소위원회에서 의결 한 사항은 하자분쟁조정위원회에서 의결한 것으로 본다.

1. 1천만원 미만의 소액 사건

2. 전문분야 등을 고려하여 분과위원회에서 소위원회가 의결하도록 결정한 사건

3. 제45조제2항 후단에 따른 조정등의 신청에 대한 각하

4. 당사자 쌍방이 소위원회의 조정안을 수락하기로 합의한 사건

5. 그 밖에 대통령령으로 정하는 단순한 사건

⑤ 하자분쟁조정위원회는 분쟁조정 신청을 받으면 조정절차 계속 중에도 당사자에게 하자보수 및 손해배상 등에 관한 합의를 권고할 수 있다. 이 경우 권고는 조정절차의 진행에 영향을 미치지 아니한다.

⑥ 하자분쟁조정위원회의 의사 및 운영, 조정등의 각하 등에 필요한 사항은 대통령령으로 정한다. 〈개정 2017. 4. 18.〉

제42조의2(대리인)

① 제39조제3항에 따라 조정등을 신청하는 자와 그 상대방은 다음 각 호의 어느 하나에 해당하는 사람을 대리인으로 선임할 수 있다.

1. 변호사

2. 제37조제1항제4호에 따른 관리단의 관리인

3. 제64조제1항에 따른 관리사무소장

4. 당사자의 배우자 또는 4촌 이내의 친족

5. 주택(전유부분에 한정한다)의 사용자

6. 당사자가 국가 또는 지방자치단체인 경우에는 그 소속 공무원

7. 당사자가 법인인 경우에는 그 법인의 임원 또는 직원

② 다음 각 호의 행위에 대하여는 위임자가 특별히 위임하는 것임을 명확히 표현하여야 대리할 수 있다.

1. 신청의 취하

2. 조정안(調停案)의 수락 3. 복대리인(復代理人)의 선임

③ 대리인의 권한은 서면으로 소명(疎明)하여야 한다. [본조신설 2017. 4. 18.]

제43조(하자심사 등)

① 제42조제3항에 따라 하자 여부 판정을 하는 분과위원회는 하자의 정도에 비하여 그 보수의 비용이 과다하게 소요되어 사건을 제44조에 따른 분쟁조정에 회부하는 것이 적합하다고 인정하는 경우에는 신청인의 의견을 들어 대통령령으로 정하는 바에 따라 분쟁조정을 하는 분과위원회에 송부하여 해당 사건을 조정하게 할 수 있다. 이 경우 하자심사에 소요된 기간은 제45조제1항에 따른 기간 산정에서 제외한다. 〈개정 2020. 6. 9.〉

② 하자분쟁조정위원회는 하자 여부를 판정한 때에는 대통령령으로 정하는 사항을 기재하고 위원장이 기명날인한 하자 여부 판정서 정본(正本)을 각 당사자 또는 그 대리인에게 송달하여야 한다.

③ 사업주체는 제2항에 따라 하자 여부 판정서 정본을 송달받은 경우로서 하자가 있는 것으로 판정된 경우(제7항에 따라 하자 여부 판정 결과가 변경된 경우는 제외한다)에는 하자 여부 판정서에 따라 하자를 보수하고, 그 결과를 지 체 없이 대통령령으로 정하는 바에 따라 하자분쟁조정위원회에 통보하여야 한다. 〈개정 2020. 12. 8.〉

④ 제2항의 하자 여부 판정 결과에 대하여 이의가 있는 자는 하자 여부 판정서를 송달받은 날부터 30일 이내에 제 48조제1항에 따른 안전진단전문기관 또는 대통령령으로 정하는 관계 전문가가 작성한 의견서를 첨부하여 국토교 통부령으로 정하는 바에 따라 이의신청을 할 수 있다. 〈개정 2017. 4. 18.〉

⑤ 하자분쟁조정위원회는 제4항의 이의신청이 있는 경우에는 제2항의 하자 여부 판정을 의결한 분과위원회가 아닌 다른 분과위원회에서 해당 사건에 대하여 재심의를 하도록 하여야 한다. 이 경우 처리기간은 제45조제1항 및 제3항 을 준용한다.

⑥ 하자분쟁조정위원회는 이의신청 사건을 심리하기 위하여 필요한 경우에는 기일을 정하여 당사자 및 제4항의 의 견서를 작성한 안전진단기관 또는 관계 전문가를 출석시켜 진술하게 하거나 입증자료 등을 제출하게 할 수 있다. 이 경우 안전진단기관 또는 관계 전문가는 이에 따라야 한다. 〈개정 2020. 6. 9.〉

⑦ 제5항에 따른 재심의를 하는 분과위원회가 당초의 하자 여부 판정을 변경하기 위하여는 재적위원 과반수의 출석 으로 개의하고 출석위원 3분의 2 이상의 찬성으로 의결하여야 한다. 이 경우 출석위원 3분의 2 이상이 찬성하지 아 니한 경우에는 당초의 판정을 하자분쟁조정위원회의 최종 판정으로 본다.

⑧ 제7항에 따라 재심의가 확정된 경우에는 하자분쟁조정위원회는 재심의 결정서 정본을 지체 없이 각 당사자 또는 그 대리인에게 송달하여야 한다.

⑨ 하자분쟁조정위원회는 다음 각 호의 사항을 시장 · 군수 · 구청장에게 통보할 수 있다.

〈신설 2020. 12. 8.〉

1. 제3항에 따라 사업주체가 통보한 하자 보수 결과
2. 제3항에 따라 하자 보수 결과를 통보하지 아니한 사업주체의 현황 [제목개정 2020. 12. 8.]

제44조(분쟁조정)

① 하자분쟁조정위원회는 제39조제2항제2호 및 제3호에 따른 분쟁의 조정절차를 완료한 때에

는 지 체 없이 대통령령으로 정하는 사항을 기재한 조정안(신청인이 조정신청을 한 후 조정 절차 진행 중에 피신청인과 합 의를 한 경우에는 합의한 내용을 반영하되, 합의한 내용이 명확하지 아니한 것은 제외한다)을 결정하고, 각 당사자 또는 그 대리인에게 이를 제시하여야 한다.

② 제1항에 따른 조정안을 제시받은 당사자는 그 제시를 받은 날부터 30일 이내에 그 수락 여부를 하자분쟁조정위 원회에 통보하여야 한다. 이 경우 수락 여부에 대한 답변이 없는 때에는 그 조정안을 수락한 것으로 본다.

③ 하자분쟁조정위원회는 각 당사자 또는 그 대리인이 제2항에 따라 조정안을 수락(대통령령으로 정하는 바에 따라 서면 또는 전자적 방법으로 수락한 경우를 말한다)하거나 기한까지 답변이 없는 때에는 위원장이 기명날인한 조정 서 정본을 지체 없이 각 당사자 또는 그 대리인에게 송달하여야 한다.　　　　　〈개정 2020. 6. 9.〉

④ 제3항에 따른 조정서의 내용은 재판상 화해와 동일한 효력이 있다. 다만, 당사자가 임의로 처분할 수 없는 사항 으로 대통령령으로 정하는 것은 그러하지 아니하다.

제44조의2(분쟁재정)

① 하자분쟁조정위원회는 분쟁의 재정을 위하여 심문(審問)의 기일을 정하고 대통령령으로 정하 는 바에 따라 당사자에게 의견을 진술하게 하여야 한다.

② 제1항에 따른 심문에 참여한 하자분쟁조정위원회의 위원과 하자분쟁조정위원회의 운영 및 사무처리를 위한 조 직(이하 "하자분쟁조정위원회의 사무국"이라 한다)의 직원은 대통령령으로 정하는 사항을 기재한 심문조서를 작성 하여야 한다.

③ 하자분쟁조정위원회는 재정 사건을 심리하기 위하여 필요한 경우에는 기일을 정하여 당사자, 참고인 또는 감정 인을 출석시켜 대통령령으로 정하는 절차에 따라 진술 또는 감정하게 하거나, 당사자 또는 참고인에게 사건과 관계 있는 문서 또는 물건의 제출을 요구할 수 있다.

④ 분쟁재정을 다루는 분과위원회는 재정신청된 사건을 분쟁조정에 회부하는 것이 적합하다고 인정하는 경우에는 대통령령으로 정하는 바에 따라 분쟁조정을 다루는 분과위원회에 송부하여 조정하게 할 수 있다.

⑤ 제4항에 따라 분쟁조정에 회부된 사건에 관하여 당사자 간에 합의가 이루어지지 아니하였을 때에는 재정절차를 계속 진행하고, 합의가 이루어졌을 때에는 재정의 신청은 철회된 것으로 본다.

⑥ 하자분쟁조정위원회는 재정절차를 완료한 경우에는 대통령령으로 정하는 사항을 기재하고 재정에 참여한 위원 이 기명날인한 재정문서의 정본을 각 당사자 또는 그 대리인에게 송달하

여야 한다.

⑦ 제6항에 따른 재정문서는 그 정본이 당사자에게 송달된 날부터 60일 이내에 당사자 양쪽 또는 어느 한쪽이 그 재정의 대상인 공동주택의 하자담보책임을 원인으로 하는 소송을 제기하지 아니하거나 그 소송을 취하한 경우 재 판상 화해와 동일한 효력이 있다. 다만, 당사자가 임의로 처분할 수 없는 사항으로서 대통령령으로 정하는 사항은 그러하지 아니하다. [본조신설 2020. 12. 8.]

제45조(조정등의 처리기간 등)

① 하자분쟁조정위원회는 조정등의 신청을 받은 때에는 지체 없이 조정등의 절차를 개 시하여야 한다. 이 경우 하자분쟁조정위원회는 그 신청을 받은 날부터 다음 각 호의 구분에 따른 기간(제2항에 따른 흠결보정기간 및 제48조에 따른 하자감정기간은 제외한다) 이내에 그 절차를 완료하여야 한다. 〈개정 2020. 6. 9., 2020. 12. 8.〉

1. 하자심사 및 분쟁조정: 60일(공용부분의 경우 90일)

2. 분쟁재정: 150일(공용부분의 경우 180일)

② 하자분쟁조정위원회는 신청사건의 내용에 흠이 있는 경우에는 상당한 기간을 정하여 그 흠을 바로잡도록 명할 수 있다. 이 경우 신청인이 흠을 바로잡지 아니하면 하자분쟁조정위원회의 결정으로 조정등의 신청을 각하(却下)한 다.

③ 제1항에 따른 기간 이내에 조정등을 완료할 수 없는 경우에는 해당 사건을 담당하는 분과위원회 또는 소위원회 의 의결로 그 기간을 한 차례만 연장할 수 있으나, 그 기간은 30일 이내로 한다. 이 경우 그 사유와 기한을 명시하여 각 당사자 또는 대리인에게 서면으로 통지하여야 한다. 〈개정 2020. 6. 9.〉

④ 하자분쟁조정위원회는 제1항에 따른 조정등의 절차 개시에 앞서 이해관계인이나 제48조제1항에 따라 하자진단 을 실시한 안전진단기관 등의 의견을 들을 수 있다. ⑤ 조정등의 진행과정에서 조사ㆍ검사, 자료 분석 등에 별도의 비용이 발생하는 경우 비용 부담의 주체, 부담 방법 등에 필요한 사항은 국토교통부령으로 정한다. 〈개정 2017. 4. 18.〉

⑥ 하자분쟁조정위원회에 조정등을 신청하는 자는 국토교통부장관이 정하여 고시하는 바에 따라 수수료를 납부해 야 한다. 〈신설 2017. 4. 18.〉

제46조(조정등의 신청의 통지 등)

① 하자분쟁조정위원회는 당사자 일방으로부터 조정등의 신청을 받은 때에는 그 신 청내용을 상대방에게 통지하여야 한다.

② 제1항에 따라 통지를 받은 상대방은 신청내용에 대한 답변서를 특별한 사정이 없으면 10일 이내에 하자분쟁조정위원회에 제출하여야 한다.

③ 제1항에 따라 하자분쟁조정위원회로부터 조정등의 신청에 관한 통지를 받은 사업주체등, 설계자, 감리자, 입주자대표회의등 및 임차인등은 분쟁조정에 응하여야 한다. 다만, 조정등의 신청에 관한 통지를 받은 입주자(공공임대주택의 경우에는 임차인을 말한다)가 조정기일에 출석하지 아니한 경우에는 하자분쟁조정위원회가 직권으로 제44조 제1항에 따라 조정안을 결정하고, 이를 각 당사자 또는 그 대리인에게 제시할 수 있다. 〈개정 2015. 12. 29., 2017. 4. 18.〉

④ 하자분쟁조정위원회의 조정등의 기일의 통지, 기피신청 절차, 당사자·참고인·감정인 및 이해관계자의 출석, 선정대표자, 조정등의 이행결과 등록 등에 필요한 사항은 대통령령으로 정한다. 〈신설 2017. 4. 18., 2020. 12. 8., 2021. 8. 10.〉

제47조(「민사조정법」 등의 준용)

① 하자분쟁조정위원회는 분쟁의 조정등의 절차에 관하여 이 법에서 규정하지 아니한 사항 및 소멸시효의 중단에 관하여는 「민사조정법」을 준용한다. ② 조정등에 따른 서류송달에 관하여는 「민사소송법」 제174조부터 제197조까지의 규정을 준용한다.

제48조(하자진단 및 감정)

① 사업주체등은 제37조제1항에 따른 입주자대표회의등 또는 임차인등의 하자보수 청구에 이의가 있는 경우, 입주자대표회의등 또는 임차인등과 협의하여 대통령령으로 정하는 안전진단기관에 보수책임이 있는 하자범위에 해당하는지 여부 등 하자진단을 의뢰할 수 있다. 이 경우 하자진단을 의뢰받은 안전진단기관은 지체 없이 하자진단을 실시하여 그 결과를 사업주체등과 입주자대표회의등 또는 임차인등에게 통보하여야 한다. 〈개정 2017. 4. 18.〉

② 하자분쟁조정위원회는 다음 각 호의 어느 하나에 해당하는 사건의 경우에는 대통령령으로 정하는 안전진단기관에 그에 따른 감정을 요청할 수 있다. 1. 제1항의 하자진단 결과에 대하여 다투는 사건 2. 당사자 쌍방 또는 일방이 하자감정을 요청하는 사건 3. 하자원인이 불분명한 사건 4. 그 밖에 하자분쟁조정위원회에서 하자감정이 필요하다고 결정하는 사건

③ 제1항에 따른 하자진단에 드는 비용과 제2항에 따른 감정에 드는 비용은 국토교통부령으로 정하는 바에 따라 당사자가 부담한다.

제49조(하자분쟁조정위원회의 운영 및 사무처리의 위탁)

① 국토교통부장관은 하자분쟁조정위원회의 운영 및 사무처리를 「국토안전관리원법」에 따

른 국토안전관리원(이하 "국토안전관리원"이라 한다)에 위탁할 수 있다. 이 경우 하자 분쟁 조정위원회의 사무국 및 인력 등에 필요한 사항은 대통령령으로 정한다.

〈개정 2017. 1. 17., 2020. 6. 9., 2020. 12. 8.〉

② 국토교통부장관은 예산의 범위에서 하자분쟁조정위원회의 운영 및 사무처리에 필요한 경비를 국토안전관리원 에 출연 또는 보조할 수 있다. 〈개정 2020. 6. 9.〉

제50조(절차의 비공개 등)

① 하자분쟁조정위원회가 수행하는 조정등의 절차 및 의사결정과정은 공개하지 아니한다. 다만, 분과위원회 및 소위원회에서 공개할 것을 의결한 경우에는 그러하지 아니하다.

② 하자분쟁조정위원회의 위원과 하자분쟁조정위원회의 사무국 직원으로서 그 업무를 수행하거나 수행하였던 사 람은 조정등의 절차에서 직무상 알게 된 비밀을 누설하여서는 아니 된다.

제51조(사실 조사 · 검사 등)

① 하자분쟁조정위원회가 조정등을 신청받은 때에는 위원장은 하자분쟁조정위원회의 사 무국 직원으로 하여금 조정등의 대상물 및 관련 자료를 조사 · 검사 및 열람하게 하거나 참고인의 진술을 들을 수 있 도록 할 수 있다. 이 경우 사업주체등, 입주자대표회의등 및 임차인등은 이에 협조하여야 한다. 〈개정 2017. 4. 18., 2020. 12. 8.〉

② 제1항에 따라 조사 · 검사 등을 하는 사람은 그 권한을 나타내는 증표를 지니고 이를 관계인에게 내보여야 한다.

제7장 공동주택의 전문관리

제1절 주택관리업

제52조(주택관리업의 등록)

① 주택관리업을 하려는 자는 대통령령으로 정하는 바에 따라 시장 · 군수 · 구청장에게 등 록

하여야 하며, 등록 사항이 변경되는 경우에는 국토교통부령으로 정하는 바에 따라 변경신고 를 하여야 한다.

② 제1항에 따라 등록을 한 주택관리업자가 제53조에 따라 그 등록이 말소된 후 2년이 지나지 아니한 때에는 다시 등록할 수 없다.

③ 제1항에 따른 등록은 주택관리사(임원 또는 사원의 3분의 1 이상이 주택관리사인 상사법인 을 포함한다)가 신청 할 수 있다. 이 경우 주택관리업을 등록하려는 자는 다음 각 호의 요건 을 갖추어야 한다.

　　1. 자본금(법인이 아닌 경우 자산평가액을 말한다)이 2억원 이상으로서 대통령령으로 정하 는 금액 이상일 것

　　2. 대통령령으로 정하는 인력ㆍ시설 및 장비를 보유할 것

④ 주택관리업자의 등록의 절차, 영업의 종류와 공동주택의 관리방법 및 그 업무내용 등 그 밖 에 필요한 사항은 대 통령령으로 정한다.

⑤ 주택관리업자가 아닌 자는 주택관리업 또는 이와 유사한 명칭을 사용하지 못한다.

⑥ 주택관리업자의 지위에 관하여 이 법에 규정이 있는 것 외에는 「민법」 중 위임에 관한 규 정을 준용한다.

제53조(주택관리업의 등록말소 등)

① 시장ㆍ군수ㆍ구청장은 주택관리업자가 다음 각 호의 어느 하나에 해당하면 그 등록을 말소 하거나 1년 이내의 기간을 정하여 영업의 전부 또는 일부의 정지를 명할 수 있다. 다만, 제1 호, 제2호 또 는 제9호에 해당하는 경우에는 그 등록을 말소하여야 하고, 제7호 또는 제8호에 해당하는 경우에는 1년 이내의 기간 을 정하여 영업의 전부 또는 일부의 정지를 명하여야 한 다.

　　1. 거짓이나 그 밖의 부정한 방법으로 등록을 한 경우

　　2. 영업정지기간 중에 주택관리업을 영위한 경우 또는 최근 3년간 2회 이상의 영업정지처분 을 받은 자로서 그 정지 처분을 받은 기간이 합산하여 12개월을 초과한 경우

　　3. 고의 또는 과실로 공동주택을 잘못 관리하여 소유자 및 사용자에게 재산상의 손해를 입힌 경우

　　4. 공동주택 관리 실적이 대통령령으로 정하는 기준에 미달한 경우

　　5. 제52조제3항에 따른 등록요건에 미달하게 된 경우

　　6. 제52조제4항에 따른 관리방법 및 업무내용 등을 위반하여 공동주택을 관리한 경우

　　7. 제90조제2항을 위반하여 부정하게 재물 또는 재산상의 이익을 취득하거나 제공한 경우

8. 제90조제3항을 위반하여 관리비·사용료와 장기수선충당금을 이 법에 따른 용도 외의 목적으로 사용한 경우

9. 제90조제4항을 위반하여 다른 자에게 자기의 성명 또는 상호를 사용하여 이 법에서 정한 사업이나 업무를 수행 하게 하거나 그 등록증을 대여한 경우

10. 제93조제1항에 따른 보고, 자료의 제출, 조사 또는 검사를 거부·방해 또는 기피하거나 거짓으로 보고를 한 경 우 11. 제93조제3항·제4항에 따른 감사를 거부·방해 또는 기피한 경우

② 시장·군수·구청장은 주택관리업자가 제1항제3호부터 제6호까지, 제10호 및 제11호의 어느 하나에 해당하는 경우에는 대통령령으로 정하는 바에 따라 영업정지를 갈음하여 2천만원 이하의 과징금을 부과할 수 있다. 〈개정 2021. 8. 10.〉

③ 시장·군수·구청장은 주택관리업자가 제2항에 따른 과징금을 기한까지 내지 아니하면 「지방행정제재·부과금 의 징수 등에 관한 법률」에 따라 징수한다. 〈개정 2020. 3. 24.〉

④ 제1항에 따른 등록말소 및 영업정지처분에 관한 기준과 제2항에 따른 과징금을 부과하는 위반행위의 종류 및 위 반 정도 등에 따른 과징금의 금액 등에 필요한 사항은 대통령령으로 정한다.

제2절 삭제 〈2016. 1. 19.〉

제54조삭제 〈2016. 1. 19.〉

제55조삭제 〈2016. 1. 19.〉

제56조삭제 〈2016. 1. 19.〉

제57조삭제 〈2016. 1. 19.〉

제58조삭제 〈2016. 1. 19.〉

제59조삭제 〈2016. 1. 19.〉

제60조삭제 〈2016. 1. 19.〉

제61조삭제 〈2016. 1. 19.〉

제62조삭제 〈2016. 1. 19.〉

제3절 관리주체의 업무와 주택관리사

제63조(관리주체의 업무 등)

① 관리주체는 다음 각 호의 업무를 수행한다. 이 경우 관리주체는 필요한 범위에서 공동 주택의 공용부분을 사용할 수 있다.

1. 공동주택의 공용부분의 유지 · 보수 및 안전관리

2. 공동주택단지 안의 경비 · 청소 · 소독 및 쓰레기 수거

3. 관리비 및 사용료의 징수와 공과금 등의 납부대행

4. 장기수선충당금의 징수 · 적립 및 관리

5. 관리규약으로 정한 사항의 집행

6. 입주자대표회의에서 의결한 사항의 집행

7. 그 밖에 국토교통부령으로 정하는 사항

② 관리주체는 공동주택을 이 법 또는 이 법에 따른 명령에 따라 관리하여야 한다.

제64조(관리사무소장의 업무 등)

① 의무관리대상 공동주택을 관리하는 다음 각 호의 어느 하나에 해당하는 자는 주택 관리사를 해당 공동주택의 관리사무소장(이하 "관리사무소장"이라 한다)으로 배치하여야 한다. 다만, 대통령령으로 정하는 세대수 미만의 공동주택에는 주택관리사를 갈음하여 주택관리사보를 해당 공동주택의 관리사무소장으로 배 치할 수 있다.

1. 입주자대표회의(자치관리의 경우에 한정한다)

2. 제13조제1항에 따라 관리업무를 인계하기 전의 사업주체

3. 주택관리업자

4. 임대사업자

② 관리사무소장은 공동주택을 안전하고 효율적으로 관리하여 공동주택의 입주자등의 권익을

보호하기 위하여 다 음 각 호의 업무를 집행한다. 〈개정 2020. 6. 9.〉

1. 입주자대표회의에서 의결하는 다음 각 목의 업무 가. 공동주택의 운영·관리·유지·보수·교체·개량 나. 가목의 업무를 집행하기 위한 관리비·장기수선충당금이나 그 밖의 경비의 청구·수령·지출 및 그 금액을 관리하는 업무

2. 하자의 발견 및 하자보수의 청구, 장기수선계획의 조정, 시설물 안전관리계획의 수립 및 건축물의 안전점검에 관 한 업무. 다만, 비용지출을 수반하는 사항에 대하여는 입주자대표회의의 의결을 거쳐야 한다.

3. 관리사무소 업무의 지휘·총괄

4. 그 밖에 공동주택관리에 관하여 국토교통부령으로 정하는 업무

③ 관리사무소장은 제2항제1호가목 및 나목과 관련하여 입주자대표회의를 대리하여 재판상 또는 재판 외의 행위를 할 수 있다.

④ 관리사무소장은 선량한 관리자의 주의로 그 직무를 수행하여야 한다.

⑤ 관리사무소장은 그 배치 내용과 업무의 집행에 사용할 직인을 국토교통부령으로 정하는 바에 따라 시장·군수 ·구청장에게 신고하여야 한다. 신고한 배치 내용과 직인을 변경할 때에도 또한 같다.

제65조(관리사무소장의 업무에 대한 부당 간섭 배제 등)

① 입주자대표회의(구성원을 포함한다. 이하 이 조에서 같다) 및 입주자등은 제64조제2항에 따른 관리사무소장의 업무에 대하여 다음 각 호의 어느 하나에 해당하는 행위를 하여서는 아니 된다. 〈개정 2021. 8. 10.〉

1. 이 법 또는 관계 법령에 위반되는 지시를 하거나 명령을 하는 등 부당하게 간섭하는 행위

2. 폭행, 협박 등 위력을 사용하여 정당한 업무를 방해하는 행위

② 관리사무소장은 입주자대표회의 또는 입주자등이 제1항을 위반한 경우 입주자대표회의 또는 입주자등에게 그 위반사실을 설명하고 해당 행위를 중단할 것을 요청하거나 부당한 지시 또는 명령의 이행을 거부할 수 있으며, 시장 ·군수·구청장에게 이를 보고하고, 사실 조사를 의뢰할 수 있다. 〈개정 2021. 8. 10.〉

③ 시장·군수·구청장은 제2항에 따라 사실 조사를 의뢰받은 때에는 지체 없이 조사를 마치고, 제1항을 위반한 사 실이 있다고 인정하는 경우 제93조에 따라 입주자대표회의 및 입주자등에게 필요한 명령 등의 조치를 하여야 한다. 이 경우 범죄혐의가 있다고 인정될 만한 상당한 이유가 있을 때에는 수사기관에 고발할 수 있다. 〈개정 2021. 8. 10.〉

④ 시장·군수·구청장은 사실 조사 결과 또는 필요한 명령 등의 조치 결과를 지체 없이 입주자

대표회의, 해당 입주 자등, 주택관리업자 및 관리사무소장에게 통보하여야 한다.

〈개정 2021. 8. 10.〉

⑤ 입주자대표회의는 제2항에 따른 보고나 사실 조사 의뢰 또는 제3항에 따른 명령 등을 이유로 관리사무소장을 해 임하거나 해임하도록 주택관리업자에게 요구하여서는 아니 된다.

⑥ 삭제〈2020. 10. 20.〉

⑦ 삭제〈2020. 10. 20.〉

제65조의2(경비원 등 근로자의 업무 등)

① 공동주택에 경비원을 배치한 경비업자(「경비업법」 제4조제1항에 따라 허가 를 받은 경비업자를 말한다)는 「경비업법」 제7조제5항에도 불구하고 대통령령으로 정하는 공동주택 관리에 필요한 업무에 경비원을 종사하게 할 수 있다.

② 입주자등, 입주자대표회의 및 관리주체 등은 경비원 등 근로자에게 적정한 보수를 지급하고, 처우개선과 인권존 중을 위하여 노력하여야 한다.

③ 입주자등, 입주자대표회의 및 관리주체 등은 경비원 등 근로자에게 다음 각 호의 어느 하나에 해당하는 행위를 하여서는 아니 된다.

　1. 이 법 또는 관계 법령에 위반되는 지시를 하거나 명령을 하는 행위

　2. 업무 이외에 부당한 지시를 하거나 명령을 하는 행위

④ 경비원 등 근로자는 입주자등에게 수준 높은 근로 서비스를 제공하여야 한다.

[본조신설 2020. 10. 20.]

제65조의3(주택관리업자에 대한 부당간섭 배제 등)

　입주자대표회의 및 입주자등은 제65조제1항 또는 제65조의2제3항 의 행위를 할 목적으로 주택관리업자에게 관리사무소장 및 소속 근로자에 대한 해고, 징계 등 불이익 조치를 요구하 여서는 아니 된다. [본조신설 2021. 8. 10.]

제66조(관리사무소장의 손해배상책임)

① 주택관리사등은 관리사무소장의 업무를 집행하면서 고의 또는 과실로 입주 자등에게 재산상의 손해를 입힌 경우에는 그 손해를 배상할 책임이 있다.

② 제1항에 따른 손해배상책임을 보장하기 위하여 주택관리사등은 대통령령으로 정하는 바에 따라 보증보험 또는 제82조에 따른 공제에 가입하거나 공탁을 하여야 한다.

③ 주택관리사등은 제2항에 따른 손해배상책임을 보장하기 위한 보증보험 또는 공제에 가입하

거나 공탁을 한 후 해 당 공동주택의 관리사무소장으로 배치된 날에 다음 각 호의 어느 하나에 해당하는 자에게 보증보험 등에 가입한 사 실을 입증하는 서류를 제출하여야 한다.

1. 입주자대표회의의 회장

2. 임대주택의 경우에는 임대사업자

3. 입주자대표회의가 없는 경우에는 시장·군수·구청장

④ 제2항에 따라 공탁한 공탁금은 주택관리사등이 해당 공동주택의 관리사무소장의 직을 사임하거나 그 직에서 해 임된 날 또는 사망한 날부터 3년 이내에는 회수할 수 없다.

제67조(주택관리사등의 자격)

① 주택관리사보가 되려는 사람은 국토교통부장관이 시행하는 자격시험에 합격한 후 시·도지사「지방자치법」 제198조에 따른 서울특별시·광역시 및 특별자치시를 제외한 인구 50만 이상의 대도시(이 하 "대도시"라 한다)의 경우에는 그 시장을 말한다. 이하 제70조까지에서 같다)로부터 합격증서를 발급받아야 한다. 〈개정 2021. 1. 12.〉

② 주택관리사는 다음 각 호의 요건을 갖추고 시·도지사로부터 주택관리사 자격증을 발급받은 사람으로 한다.

1. 제1항에 따라 주택관리사보 합격증서를 발급받았을 것

2. 대통령령으로 정하는 주택 관련 실무 경력이 있을 것

③ 제2항에 따른 주택관리사 자격증의 발급절차 등에 필요한 사항은 대통령령으로 정한다.

④ 다음 각 호의 어느 하나에 해당하는 사람은 주택관리사등이 될 수 없으며 그 자격을 상실한다.

1. 피성년후견인 또는 피한정후견인

2. 파산선고를 받은 사람으로서 복권되지 아니한 사람

3. 금고 이상의 실형을 선고받고 그 집행이 끝나거나(집행이 끝난 것으로 보는 경우를 포함한다) 집행이 면제된 날 부터 2년이 지나지 아니한 사람

4. 금고 이상의 형의 집행유예를 선고받고 그 유예기간 중에 있는 사람

5. 주택관리사등의 자격이 취소된 후 3년이 지나지 아니한 사람(제1호 및 제2호에 해당하여 주택관리사등의 자격이 취소된 경우는 제외한다)

⑤ 국토교통부장관은 직전 3년간 사업계획승인을 받은 공동주택 단지 수, 직전 3년간 주택관리사보 자격시험 응시 인원, 주택관리사등의 취업현황과 제68조에 따른 주택관리사보 시험위원회의 심의의견 등을 고려하여 해당 연도 주택관리사보 자격시험의 선발예정인원을 정한다. 이 경우 국토교통부장관은 선발예정인원의 범위에서 대통령령으 로 정하는 합격자 결정

점수 이상을 얻은 사람으로서 전과목 총득점의 고득점자 순으로 주택관리사보 자격시험 합격자를 결정한다. 〈신설 2016. 3. 22.〉

⑥ 제1항에 따른 주택관리사보 자격시험의 응시자격, 시험과목, 시험의 일부 면제, 응시수수료, 그 밖에 시험에 필요 한 사항은 대통령령으로 정한다. 〈개정 2016. 3. 22.〉

제68조(주택관리사보 시험위원회)

① 제67조제1항에 따른 주택관리사보 자격시험과 관련한 다음 각 호의 사항을 심의 하기 위하여 제89조제2항제6호에 따른 자격시험의 시행기관에 주택관리사보 시험위원회를 둘 수 있다. 〈개정 2017. 8. 9.〉

1. 주택관리사보 자격시험 과목의 조정 등 시험에 관한 사항

2. 시험 선발인원 및 합격기준의 결정에 관한 사항

3. 그 밖에 주택관리사보 자격시험과 관련한 중요 사항

② 주택관리사보 시험위원회의 구성 및 운영, 위원의 선임 등에 필요한 사항은 대통령령으로 정한다. 〈개정 2017. 8. 9.〉

제69조(주택관리사등의 자격취소 등)

① 시·도지사는 주택관리사등이 다음 각 호의 어느 하나에 해당하면 그 자격을 취소하거나 1년 이내의 기간을 정하여 그 자격을 정지시킬 수 있다. 다만, 제1호부터 제4호까지, 제7호 중 어느 하나 에 해당하는 경우에는 그 자격을 취소하여야 한다. 〈개정 2016. 1. 19., 2020. 6. 9.〉

1. 거짓이나 그 밖의 부정한 방법으로 자격을 취득한 경우 2. 공동주택의 관리업무와 관련하여 금고 이상의 형을 선고받은 경우 3. 의무관리대상 공동주택에 취업한 주택관리사등이 다른 공동주택 및 상가·오피스텔 등 주택 외의 시설에 취업한 경우

4. 주택관리사등이 자격정지기간에 공동주택관리업무를 수행한 경우

5. 고의 또는 중대한 과실로 공동주택을 잘못 관리하여 소유자 및 사용자에게 재산상의 손해를 입힌 경우

6. 주택관리사등이 업무와 관련하여 금품수수(收受) 등 부당이득을 취한 경우

7. 제90조제4항을 위반하여 다른 사람에게 자기의 명의를 사용하여 이 법에서 정한 업무를 수행하게 하거나 자격증 을 대여한 경우

8. 제93조제1항에 따른 보고, 자료의 제출, 조사 또는 검사를 거부·방해 또는 기피하거나 거짓으로 보고를 한 경우

9. 제93조제3항·제4항에 따른 감사를 거부·방해 또는 기피한 경우

② 제1항에 따른 자격의 취소 및 정지처분에 관한 기준은 대통령령으로 정한다.

제70조(주택관리업자 등의 교육)

① 주택관리업자(법인인 경우에는 그 대표자를 말한다)와 관리사무소장으로 배치받은 주택관리사등은 국토교통부령으로 정하는 바에 따라 시·도지사로부터 공동주택관리에 관한 교육과 윤리교육을 받아야 한다. 이 경우 관리사무소장으로 배치받으려는 주택관리사등은 국토교통부령으로 정하는 바에 따라 공동주택 관리에 관한 교육과 윤리교육을 받을 수 있고, 그 교육을 받은 경우에는 관리사무소장의 교육 의무를 이행한 것으로 본다.

② 관리사무소장으로 배치받으려는 주택관리사등이 배치예정일부터 직전 5년 이내에 관리사무소장·공동주택관리 기구의 직원 또는 주택관리업자의 임직원으로서 종사한 경력이 없는 경우에는 국토교통부령으로 정하는 바에 따라 시·도지사가 실시하는 공동주택관리에 관한 교육과 윤리교육을 이수하여야 관리사무소장으로 배치받을 수 있다. 이 경우 공동주택관리에 관한 교육과 윤리교육을 이수하고 관리사무소장으로 배치받은 주택관리사등에 대하여는 제1항에 따른 관리사무소장의 교육의무를 이행한 것으로 본다.

③ 공동주택의 관리사무소장으로 배치받아 근무 중인 주택관리사등은 제1항 또는 제2항에 따른 교육을 받은 후 3년마다 국토교통부령으로 정하는 바에 따라 공동주택관리에 관한 교육과 윤리교육을 받아야 한다.

④ 국토교통부장관은 제1항부터 제3항까지에 따라 시·도지사가 실시하는 교육의 전국적 균형을 유지하기 위하여 교육수준 및 교육방법 등에 필요한 지침을 마련하여 시행할 수 있다.

제8장 공동주택관리 분쟁조정

제71조(공동주택관리 분쟁조정위원회의 설치)

① 공동주택관리 분쟁(제36조 및 제37조에 따른 공동주택의 하자담보책임 및 하자보수 등과 관련한 분쟁은 제외한다. 이하 이 장에서 같다)을 조정하기 위하여 국토교통부에 중앙 공동주택 관리 분쟁조정위원회(이하 "중앙분쟁조정위원회"라 한다)를 두고, 시·군·구(자치구를 말하며, 이하 같다)에 지방 공동주택관리 분쟁조정위원회(이하 "지방분쟁조정위원회"

라 한다)를 둔다. 다만, 공동주택 비율이 낮은 시 · 군 · 구 로서 국토교통부장관이 인정하는 시 · 군 · 구의 경우에는 지방분쟁조정위원회를 두지 아니할 수 있다. 〈개정 2020. 6. 9.〉

② 공동주택관리 분쟁조정위원회는 다음 각 호의 사항을 심의 · 조정한다.

1. 입주자대표회의의 구성 · 운영 및 동별 대표자의 자격 · 선임 · 해임 · 임기에 관한 사항

2. 공동주택관리기구의 구성 · 운영 등에 관한 사항

3. 관리비 · 사용료 및 장기수선충당금 등의 징수 · 사용 등에 관한 사항

4. 공동주택(공용부분만 해당한다)의 유지 · 보수 · 개량 등에 관한 사항

5. 공동주택의 리모델링에 관한 사항

6. 공동주택의 층간소음에 관한 사항

7. 혼합주택단지에서의 분쟁에 관한 사항

8. 다른 법령에서 공동주택관리 분쟁조정위원회가 분쟁을 심의 · 조정할 수 있도록 한 사항

9. 그 밖에 공동주택의 관리와 관련하여 분쟁의 심의 · 조정이 필요하다고 대통령령 또는 시 · 군 · 구의 조례(지방분 쟁조정위원회에 한정한다)로 정하는 사항

제72조(중앙 · 지방분쟁조정위원회의 업무 관할)

① 중앙분쟁조정위원회는 제71조제2항 각 호의 사항 중 다음 각 호의 사항을 심의 · 조정한다.

1. 둘 이상의 시 · 군 · 구의 관할 구역에 걸친 분쟁

2. 시 · 군 · 구에 지방분쟁조정위원회가 설치되지 아니한 경우 해당 시 · 군 · 구 관할 분쟁

3. 분쟁당사자가 쌍방이 합의하여 중앙분쟁조정위원회에 조정을 신청하는 분쟁

4. 그 밖에 중앙분쟁조정위원회에서 관할하는 것이 필요하다고 대통령령으로 정하는 분쟁

② 지방분쟁조정위원회는 해당 시 · 군 · 구의 관할 구역에서 발생한 분쟁 중 제1항에 따른 중앙분쟁조정위원회의 심의 · 조정 대상인 분쟁 외의 분쟁을 심의 · 조정한다.

제73조(중앙분쟁조정위원회의 구성 등)

① 중앙분쟁조정위원회는 위원장 1명을 포함한 15명 이내의 위원으로 구성한 다.

② 중앙분쟁조정위원회의 위원은 공동주택관리에 관한 학식과 경험이 풍부한 사람으로서 다음 각 호의 어느 하나 에 해당하는 사람 중에서 국토교통부장관이 임명 또는 위촉한다. 이 경우 제3호에 해당하는 사람이 3명 이상 포함 되어야 한다.

1. 1급부터 4급까지 상당의 공무원 또는 고위공무원단에 속하는 공무원

2. 공인된 대학이나 연구기관에서 부교수 이상 또는 이에 상당하는 직에 재직한 사람

3. 판사 · 검사 또는 변호사의 직에 6년 이상 재직한 사람

4. 공인회계사 · 세무사 · 건축사 · 감정평가사 또는 공인노무사의 자격이 있는 사람으로서 10년 이상 근무한 사람

5. 주택관리사로서 공동주택의 관리사무소장으로 10년 이상 근무한 사람

6. 그 밖에 공동주택관리에 대한 전문적 지식을 갖춘 사람으로서 대통령령으로 정하는 사람

③ 중앙분쟁조정위원회의 위원장의 임명, 공무원이 아닌 위원의 임기 및 연임에 관한 사항, 보궐위원의 임기, 공무 원이 아닌 위원이 본인의 의사에 반하여 해촉되지 아니할 권리는 제40조제5항, 제8항, 제9항을 각각 준용한다. 〈개정 2020. 12. 8.〉

④ 중앙분쟁조정위원회의 위원장의 직무나 위원장이 부득이한 사유로 직무를 수행할 수 없는 때의 직무 대행은 제 40조제10항을 준용한다. 이 경우 제40조제10항 중 "분과위원장"은 "위원"으로 본다. 〈개정 2020. 12. 8.〉

⑤ 중앙분쟁조정위원회의 위원의 제척 · 기피 · 회피에 관하여는 제41조를 준용한다.

⑥ 중앙분쟁조정위원회의 회의는 재적위원 과반수의 출석으로 개의하고 출석위원 과반수의 찬성으로 의결한다.

⑦ 중앙분쟁조정위원회는 위원회의 소관 사무 처리절차와 그 밖에 위원회의 운영에 관한 규칙을 정할 수 있다.

⑧ 중앙분쟁조정위원회의 구성 및 운영 등에 필요한 사항은 대통령령으로 정한다.

제74조(분쟁조정의 신청 및 조정 등)

① 제71조제2항 각 호의 사항에 대하여 분쟁이 발생한 때에는 중앙분쟁조정위원 회에 조정을 신청할 수 있다.

② 중앙분쟁조정위원회는 제1항에 따라 조정의 신청을 받은 때에는 지체 없이 조정의 절차를 개시하여야 한다. 이 경우 중앙분쟁조정위원회는 필요하다고 인정하면 당사자나 이해관계인을 중앙분쟁조정위원회에 출석하게 하여 의 견을 들을 수 있다.

③ 중앙분쟁조정위원회는 제2항에 따른 조정절차를 개시한 날부터 30일 이내에 그 절차를 완료한 후 조정안을 작 성하여 지체 없이 이를 각 당사자에게 제시하여야 한다. 다만, 부득이한 사정으로 30일 이내에 조정절차를 완료할 수 없는 경우 중앙분쟁조정위원회는 그 기간을 연장할 수 있다. 이 경우 그 사유와 기한을 명시하여 당사자에게 서 면으로 통지하여야 한다.

④ 조정안을 제시받은 당사자는 그 제시를 받은 날부터 30일 이내에 그 수락 여부를 중앙분쟁조정위원회에 서면으 로 통보하여야 한다. 이 경우 30일 이내에 의사표시가 없는 때에는 수락한 것으로 본다.

⑤ 당사자가 조정안을 수락하거나 수락한 것으로 보는 경우 중앙분쟁조정위원회는 조정서를

작성하고, 위원장 및 각 당사자가 서명·날인한 후 조정서 정본을 지체 없이 각 당사자 또는 그 대리인에게 송달하여야 한다. 다만, 수락 한 것으로 보는 경우에는 각 당사자의 서명·날인을 생략할 수 있다.

⑥ 당사자가 제5항에 따라 조정안을 수락하거나 수락한 것으로 보는 때에는 그 조정서의 내용은 재판상 화해와 동 일한 효력을 갖는다. 다만, 당사자가 임의로 처분할 수 없는 사항에 관한 것은 그러하지 아니하다.

⑦ 조정의 신청절차 및 방법, 비용의 부담 등에 필요한 사항은 국토교통부령으로 정한다.

⑧ 중앙분쟁조정위원회에 조정을 신청하는 자는 국토교통부장관이 정하여 고시하는 바에 따라 수수료를 납부하여 야 한다. 〈신설 2021. 8. 10.〉

제75조(분쟁조정 신청의 통지 등)

① 중앙분쟁조정위원회의 분쟁조정 신청에 대한 상대방 통지 의무, 통지를 받은 상대 방의 답변서 제출 의무는 제46조제1항, 제2항을 각각 준용한다.

② 중앙분쟁조정위원회로부터 분쟁조정 신청에 관한 통지를 받은 입주자대표회의(구성원을 포함한다)와 관리주체 는 분쟁조정에 응하여야 한다.

제76조(사실 조사·검사 등)

① 중앙분쟁조정위원회는 위원 또는 제79조제2항에 따른 중앙분쟁조정위원회의 운영 및 사무처리를 위한 조직(이하 "중앙분쟁조정위원회의 사무국"이라 한다)의 직원으로 하여금 해당 공동주택 등에 출입 하여 조사·검사 및 열람하게 하거나 참고인의 진술을 들을 수 있도록 할 수 있다. 이 경우 당사자와 이해관계인은 이에 협조하여야 한다.

② 제1항에 따라 조사·검사 등을 하는 사람은 그 권한을 나타내는 증표를 지니고 이를 관계인에게 내보여야 한다.

제77조(조정의 거부와 중지)

① 중앙분쟁조정위원회는 분쟁의 성질상 분쟁조정위원회에서 조정을 하는 것이 맞지 아니 하다고 인정하거나 부정한 목적으로 신청되었다고 인정하면 그 조정을 거부할 수 있다. 이 경우 조정의 거부 사유를 신청인에게 알려야 한다.

② 중앙분쟁조정위원회는 신청된 사건의 처리 절차가 진행되는 도중에 한쪽 당사자가 소를 제기한 경우에는 조정 의 처리를 중지하고 이를 당사자에게 알려야 한다.

③ 중앙분쟁조정위원회의 분쟁의 당사자에 대한 조정의 절차 중 합의 권고에 관하여는 제42조

제5항을 준용한다.

제78조(「민사조정법」 등의 준용 등)

중앙분쟁조정위원회의 소멸시효의 중단 등에 관한 「민사조정법」의 준용이나 서류 송달, 절차, 의사결정과정의 비공개 및 직무상 알게 된 비밀의 누설 금지에 관하여는 제47조 및 제50조를 준용한다.

제79조(중앙분쟁조정위원회의 운영 및 사무처리의 위탁)

① 국토교통부장관은 중앙분쟁조정위원회의 운영 및 사무처 리를 고시로 정하는 기관 또는 단체에 위탁할 수 있다.

② 제1항에 따른 중앙분쟁조정위원회의 운영 및 사무처리를 위한 조직 및 인력 등에 필요한 사항은 대통령령으로 정한다.

③ 국토교통부장관은 예산의 범위에서 중앙분쟁조정위원회의 운영 및 사무처리에 필요한 경비를 제1항에 따른 수 탁 기관 또는 단체에 출연 또는 보조할 수 있다.

제80조(지방분쟁조정위원회)

① 지방분쟁조정위원회의 위원 중 공무원이 아닌 위원이 본인의 의사에 반하여 해촉되지 아니할 권리, 위원의 제척·기피·회피에 관한 내용은 중앙분쟁조정위원회에 관한 규정을 준용한다.

② 분쟁당사자가 지방분쟁조정위원회의 조정결과를 수락한 경우에는 당사자 간에 조정조서(調停調書)와 같은 내용 의 합의가 성립된 것으로 본다.

③ 지방분쟁조정위원회의 구성에 필요한 사항은 대통령령으로 정하며, 지방분쟁조정위원회의 회의·운영 등에 필 요한 사항은 해당 시·군·구의 조례로 정한다.

제9장 협회

제81조(협회의 설립 등)

① 주택관리사등은 공동주택관리에 관한 기술·행정 및 법률 문제에 관한 연구와 그 업무를 효율적으로 수행하기 위하여 주택관리사단체를 설립할 수 있다.

② 삭제〈2016. 1. 19.〉

③ 제1항의 단체(이하 "협회"라 한다)는 법인으로 한다. 〈개정 2016. 1. 19.〉

④ 협회는 그 주된 사무소의 소재지에서 설립등기를 함으로써 성립한다.

⑤ 이 법에 따라 국토교통부장관, 시·도지사 또는 대도시 시장으로부터 영업 및 자격의 정지처분을 받은 협회 회원 의 권리·의무는 그 영업 및 자격의 정지기간 중에는 정지되며, 주택관리사등의 자격이 취소된 때에는 협회의 회원 자격을 상실한다. 〈개정 2016. 1. 19.〉

⑥ 협회를 설립하려면 다음 각 호의 구분에 따른 인원수를 발기인으로 하여 정관을 마련한 후 창립총회의 의결을 거쳐 국토교통부장관의 인가를 받아야 한다. 인가받은 정관을 변경하는 경우에도 또한 같다.

1. 주택관리사단체: 공동주택의 관리사무소장으로 배치된 자의 5분의 1 이상

2. 삭제〈2016. 1. 19.〉

⑦ 국토교통부장관은 제6항에 따른 인가를 하였을 때에는 이를 지체 없이 공고하여야 한다.

제82조(공제사업)

① 제81조제1항에 따른 주택관리사단체(이하 이 조에서 "주택관리사단체"라 한다)는 제66조에 따른 관리사무소장의 손해배상책임과 공동주택에서 발생하는 인적·물적 사고, 그 밖에 공동주택관리업무와 관련한 종사 자와 사업자의 손해배상책임 등을 보장하기 위하여 공제사업을 할 수 있다. 〈개정 2017. 3. 21.〉

② 주택관리사단체는 제1항에 따른 공제사업을 하려면 공제규정을 제정하여 국토교통부장관의 승인을 받아야 한다 . 공제규정을 변경하려는 경우에도 또한 같다.

③ 제2항의 공제규정에는 대통령령으로 정하는 바에 따라 공제사업의 범위, 공제계약의 내용, 공제금, 공제료, 회계 기준 및 책임준비금의 적립 비율 등 공제사업의 운용에 필요한 사항이 포함되어야 한다.

④ 주택관리사단체는 공제사업을 다른 회계와 구분하여 별도의 회계로 관리하여야 하며, 책임

준비금을 다른 용도로 사용하려는 경우에는 국토교통부장관의 승인을 받아야 한다.

⑤ 주택관리사단체는 대통령령으로 정하는 바에 따라 매년도의 공제사업 운용 실적을 일간신문 또는 단체의 홍보 지 등을 통하여 공제계약자에게 공시하여야 한다.

⑥ 국토교통부장관은 주택관리사단체가 이 법 및 공제규정을 지키지 아니하여 공제사업의 건전성을 해칠 우려가 있다고 인정되는 경우에는 시정을 명하여야 한다.

⑦ 「금융위원회의 설치 등에 관한 법률」에 따른 금융감독원 원장은 국토교통부장관이 요청한 경우에는 주택관리사 단체의 공제사업에 관하여 검사를 할 수 있다.

제83조(협회에 대한 지도 · 감독)

국토교통부장관은 협회를 지도 · 감독한다.

제84조(「민법」의 준용)

협회에 관하여 이 법에서 규정한 것 외에는 「민법」 중 사단법인에 관한 규정을 준용한다.

제10장 보 칙

제85조(관리비용의 지원)

① 지방자치단체의 장은 그 지방자치단체의 조례로 정하는 바에 따라 공동주택의 관리에 필요한 비용의 일부를 지원할 수 있다. 〈개정 2015. 12. 29.〉 ② 국가는 공동주택의 보수 · 개량에 필요한 비용의 일부를 주택도시기금에서 융자할 수 있다.   〈신설 2015. 12. 29.〉

제86조(공동주택관리 지원기구)

① 국토교통부장관은 다음 각 호의 업무를 수행할 기관 또는 단체를 공동주택관리 지 원기구(이하 이 조에서 "공동주택관리 지원기구"라 한다)로 지정하여 고시할 수 있다.

1. 공동주택관리와 관련한 민원 상담 및 교육

2. 관리규약 제정 · 개정의 지원

3. 입주자대표회의 구성 및 운영과 관련한 지원

4. 장기수선계획의 수립 · 조정 지원 또는 공사 · 용역의 타당성 자문 등 기술지원

5. 공동주택 관리상태 진단 및 지원

6. 공동주택 입주자등의 공동체 활성화 지원

7. 공동주택의 조사 · 검사 및 분쟁조정의 지원

8. 공동주택 관리실태 조사 · 연구

9. 국토교통부장관 또는 지방자치단체의 장이 의뢰하거나 위탁하는 업무

10. 그 밖에 공동주택 입주자등의 권익보호와 공동주택관리의 투명화 및 효율화를 위하여 대통령령으로 정하는 업무

② 국토교통부장관은 예산의 범위에서 공동주택관리 지원기구의 운영 및 사무처리에 필요한 경비를 출연 또는 보 조할 수 있다.

③ 공동주택관리 지원기구는 제1항 각 호의 업무를 수행하는 데 필요한 경비의 전부 또는 일부를 관리주체 또는 입 주자대표회의로부터 받을 수 있다.

제87조(공동주택 우수관리단지 선정)

① 시 · 도지사는 공동주택단지를 모범적으로 관리하도록 장려하기 위하여 매년 공동주택 모범관리단지를 선정할 수 있다.

② 국토교통부장관은 제1항에 따라 시 · 도지사가 선정한 공동주택 모범관리단지 중에서 공동주택 우수관리단지를 선정하여 표창하거나 상금을 지급할 수 있고, 그 밖에 필요한 지원을 할 수 있다.

③ 공동주택 모범관리단지와 공동주택 우수관리단지의 선정, 표창 및 상금 지급 등에 필요한 사항은 국토교통부장 관이 정하여 고시한다.

제88조(공동주택관리정보시스템의 구축 · 운영 등)

① 국토교통부장관은 공동주택관리의 투명성과 효율성을 제고하기 위하여 공동주택관리에 관한 정보를 종합적으로 관리할 수 있는 공동주택관리정보시스템을 구축 · 운영할 수 있고, 이에 관한 정보를 관련 기관 · 단체 등에 제공할 수 있다.

② 국토교통부장관은 제1항에 따른 공동주택관리정보시스템을 구축 · 운영하기 위하여 필요한 자료를 관련 기관 · 단체 등에 요청할 수 있다. 이 경우 기관 · 단체 등은 특별한 사유가 없으면 그 요청에 따라야 한다.

③ · 도지사는 공동주택관리에 관한 정보를 종합적으로 관리할 수 있고, 이에 관한 정보를 관련 기관 · 단체 등에 제공하거나 요청할 수 있다. 이 경우 기관 · 단체 등은 특별한 사유가 없으

면 그 요청에 따라야 한다.

제89조(권한의 위임 · 위탁)

① 이 법에 따른 국토교통부장관의 권한은 대통령령으로 정하는 바에 따라 그 일부를 시 · 도지
사 또는 국토교통부 소속 기관의 장에게 위임할 수 있다.

② 국토교통부장관 또는 지방자치단체의 장은 이 법에 따른 권한 중 다음 각 호의 권한을 대통
령령으로 정하는 바 에 따라 공동주택관리의 전문화, 시설물의 안전관리 및 자격검정 등을
목적으로 설립된 법인 중 국토교통부장관 또 는 지방자치단체의 장이 인정하는 자에게 위탁
할 수 있다. 〈개정 2018. 3. 13.〉

1. 제17조에 따른 입주자대표회의의 구성원 등 교육
2. 제29조에 따른 장기수선계획의 조정교육
3. 제32조에 따른 방범교육, 소방에 관한 안전교육, 시설물에 관한 안전교육
4. 제34조에 따른 소규모 공동주택의 안전관리
5. 제64조제5항에 따른 관리사무소장의 배치 내용 및 직인 신고의 접수
6. 제67조제1항에 따른 주택관리사보 자격시험의 시행
7. 제70조에 따른 주택관리업자 및 관리사무소장에 대한 교육
8. 제88조제1항에 따른 공동주택관리정보시스템의 구축 · 운영

제90조(부정행위 금지 등)

① 공동주택의 관리와 관련하여 입주자대표회의(구성원을 포함한다. 이하 이 조에서 같다)와
관리사무소장은 공모(共謀)하여 부정하게 재물 또는 재산상의 이익을 취득하거나 제공하여
서는 아니 된다.

② 공동주택의 관리와 관련하여 입주자등 · 관리주체 · 입주자대표회의 · 선거관리위원회(위원
을 포함한다)는 부정 하게 재물 또는 재산상의 이익을 취득하거나 제공하여서는 아니 된다.

③ 입주자대표회의 및 관리주체는 관리비 · 사용료와 장기수선충당금을 이 법에 따른 용도 외
의 목적으로 사용하여 서는 아니 된다.

④ 주택관리업자 및 주택관리사등은 다른 자에게 자기의 성명 또는 상호를 사용하여 이 법에서
정한 사업이나 업무 를 수행하게 하거나 그 등록증 또는 자격증을 빌려 주어서는 아니 된다.
〈개정 2016. 1. 19., 2021. 8. 10.〉

⑤ 누구든지 다른 자의 성명 또는 상호를 사용하여 주택관리업 또는 주택관리사등의 업무를 수
행하거나 그 등록증 또는 자격증을 빌려서는 아니 된다. 〈신설 2021. 8. 10.〉

⑥ 누구든지 제4항이나 제5항에서 금지된 행위를 알선하여서는 아니 된다.　〈신설 2021. 8. 10.〉

제91조(체납된 장기수선충당금 등의 강제징수)

국가 또는 지방자치단체인 관리주체가 관리하는 공동주택의 장기수선 충당금 또는 관리비가 체납된 경우 국가 또는 지방자치단체는 국세 또는 지방세 체납처분의 예에 따라 해당 장기수 선충당금 또는 관리비를 강제징수할 수 있다.

제92조(보고 · 검사 등)

① 국토교통부장관 또는 지방자치단체의 장은 필요하다고 인정할 때에는 이 법에 따라 허가를 받거나 신고 · 등록 등을 한 자에게 필요한 보고를 하게 하거나, 관계 공무원으로 하여금 사업장에 출입하여 필요한 검사를 하게 할 수 있다.

② 제1항에 따른 검사를 할 때에는 검사 7일 전까지 검사 일시, 검사 이유 및 검사 내용 등 검사 계획을 검사를 받을 자에게 알려야 한다. 다만, 긴급한 경우나 사전에 통지하면 증거인멸 등으로 검사 목적을 달성할 수 없다고 인정하 는 경우에는 그러하지 아니하다.

③ 제1항에 따라 검사를 하는 공무원은 그 권한을 나타내는 증표를 지니고 이를 관계인에게 내보여야 한다.

제93조(공동주택관리에 관한 감독)

① 지방자치단체의 장은 공동주택관리의 효율화와 입주자등의 보호를 위하여 다음 각 호의 어느 하나에 해당하는 경우 입주자등, 입주자대표회의나 그 구성원, 관리주체(의무관리대상 공동주택이 아 닌 경우에는 관리인을 말한다. 이하 이 조에서 같다), 관리사무소장 또는 선거관리위원회나 그 위원 등에게 관리비등 의 사용내역 등 대통령령으로 정하는 업무에 관한 사항을 보고하게 하거나 자료의 제출이나 그 밖에 필요한 명령을 할 수 있으며, 소속 공무원으로 하여금 영업소 · 관리사무소 등에 출입하여 공동주택의 시설 · 장부 · 서류 등을 조사 또는 검사하게 할 수 있다. 이 경우 출입 · 검사 등을 하는 공무원은 그 권한을 나타내는 증표를 지니고 이를 관계인 에게 내보여야 한다.　〈개정 2016. 1. 19., 2017. 3. 21., 2019. 4. 23.〉

1. 제3항 또는 제4항에 따른 감사에 필요한 경우

2. 이 법 또는 이 법에 따른 명령이나 처분을 위반하여 조치가 필요한 경우

3. 공동주택단지 내 분쟁의 조정이 필요한 경우

4. 공동주택 시설물의 안전관리를 위하여 필요한 경우

5. 입주자대표회의 등이 공동주택 관리규약을 위반한 경우

6. 그 밖에 공동주택관리에 관한 감독을 위하여 필요한 경우

② 공동주택의 입주자등은 제1항제2호, 제3호 또는 제5호에 해당하는 경우 전체 입주자등의 10분의 3 이상의 동의 를 받아 지방자치단체의 장에게 입주자대표회의나 그 구성원, 관리주체, 관리사무소장 또는 선거관리위원회나 그 위원 등의 업무에 대하여 감사를 요청할 수 있다. 이 경우 감사 요청은 그 사유를 소명하고 이를 뒷받침할 수 있는 자료를 첨부하여 서면으로 하여야 한다.

③ 지방자치단체의 장은 제2항에 따른 감사 요청이 이유가 있다고 인정하는 경우에는 감사를 실시한 후 감사를 요 청한 입주자등에게 그 결과를 통보하여야 한다.

④ 지방자치단체의 장은 제2항에 따른 감사 요청이 없더라도 공동주택관리의 효율화와 입주자 등의 보호를 위하여 필요하다고 인정하는 경우에는 제2항의 감사 대상이 되는 업무에 대하여 감사를 실시할 수 있다.

⑤ 지방자치단체의 장은 제3항 또는 제4항에 따라 감사를 실시할 경우 변호사·공인회계사 등의 전문가에게 자문 하거나 해당 전문가와 함께 영업소·관리사무소 등을 조사할 수 있다.

⑥ 제2항부터 제5항까지의 감사 요청 및 감사 실시에 필요한 사항은 지방자치단체의 조례로 정한다.

⑦ 지방자치단체의 장은 제1항부터 제4항까지의 규정에 따라 명령, 조사 또는 검사, 감사의 결과 등을 통보하는 경 우 그 내용을 해당 공동주택의 입주자대표회의 및 관리주체에게도 통보하여야 한다. 〈신설 2019. 4. 23.〉

⑧ 관리주체는 제7항에 따라 통보받은 내용을 대통령령으로 정하는 바에 따라 해당 공동주택단지의 인터넷 홈페이 지 및 동별 게시판에 공개하고 입주자등의 열람, 복사 요구에 따라야 한다. 〈신설 2019. 4. 23.〉

제93조의2(공동주택 관리비리 신고센터의 설치 등)

① 국토교통부장관은 공동주택 관리비리와 관련된 불법행위 신고 의 접수·처리 등에 관한 업무를 효율적으로 수행하기 위하여 공동주택 관리비리 신고센터(이하 "신고센터"라 한다)를 설치·운영할 수 있다.

② 신고센터는 다음 각 호의 업무를 수행한다.

1. 공동주택관리의 불법행위와 관련된 신고의 상담 및 접수
2. 해당 지방자치단체의 장에게 해당 신고사항에 대한 조사 및 조치 요구
3. 신고인에게 조사 및 조치 결과의 요지 등 통보

③ 공동주택관리와 관련하여 불법행위를 인지한 자는 신고센터에 그 사실을 신고할 수 있다. 이

경우 신고를 하려는 자는 자신의 인적사항과 신고의 취지·이유·내용을 적고 서명한 문서와 함께 신고 대상 및 증거 등을 제출하여야 한다.

④ 제2항제2호에 따른 요구를 받은 지방자치단체의 장은 신속하게 해당 요구에 따른 조사 및 조치를 완료하고 완료 한 날부터 10일 이내에 그 결과를 국토교통부장관에게 통보하여야 하며, 국토교통부장관은 통보를 받은 경우 즉시 신고자에게 그 결과의 요지를 알려야 한다.

⑤ 제1항부터 제4항까지에서 규정한 사항 외에 신고센터의 설치·운영·업무·신고 및 처리 등에 필요한 사항은 대통령령으로 정한다. [본조신설 2017. 4. 18.]

제94조(공사의 중지 등)

① 국토교통부장관 또는 지방자치단체의 장은 사업주체등 및 공동주택의 입주자등, 관리주체, 입주자대표회의나 그 구성원이 이 법 또는 이 법에 따른 명령이나 처분을 위반한 경우에는 공사의 중지, 원상복구, 하자보수 이행 또는 그 밖에 필요한 조치를 명할 수 있다.

〈개정 2017. 4. 18., 2019. 4. 23.〉

② 국토교통부장관 또는 지방자치단체의 장은 제1항에 따라 공사의 중지 등 필요한 조치를 명하는 경우 그 내용을 해당 공동주택의 입주자대표회의 및 관리주체에게도 통보하여야 한다.

〈신설 2019. 4. 23.〉

③ 관리주체는 제2항에 따라 통보받은 내용을 대통령령으로 정하는 바에 따라 해당 공동주택단지의 인터넷 홈페이 지 및 동별 게시판에 공개하고 입주자등의 열람, 복사 요구에 따라야 한다.

〈신설 2019. 4. 23.〉

제95조(청문)

국토교통부장관 또는 지방자치단체의 장은 다음 각 호의 어느 하나에 해당하는 처분을 하려면 청문을 하 여야 한다.

〈개정 2021. 8. 10.〉

1. 제35조제6항에 따른 행위허가의 취소
2. 제53조제1항에 따른 주택관리업의 등록말소
3. 삭제〈2016. 1. 19.〉
4. 제69조제1항에 따른 주택관리사등의 자격취소

제96조(벌칙 적용에서 공무원 의제)

다음 각 호의 어느 하나에 해당하는 자는 「형법」 제129조부터 제132조까지의 규정 을 적용할 때에는 공무원으로 본다.

1. 제40조제1항에 따른 히지분쟁조정위원회의 위원 또는 하자분쟁조정위원회의 사무국 직원으로서 공무원이 아닌 자
2. 제48조제1항에 따라 하자진단을 실시하는 자 3. 제71조제1항에 따른 공동주택관리 분쟁조정위원회의 위원 또는 중앙분쟁조정위원회의 사무국 직원으로서 공무 원이 아닌 자

제11장 벌칙

제97조(벌칙)

제90조제1항을 위반하여 공모하여 부정하게 재물 또는 재산상의 이익을 취득하거나 제공한 자는 3년 이 하의 징역 또는 3천만원 이하의 벌금에 처한다. 다만, 그 위반행위로 얻은 이익의 100분의 50에 해당하는 금액이 3천만원을 초과하는 자는 3년 이하의 징역 또는 그 이익의 2배에 해당하는 금액 이하의 벌금에 처한다.

제98조(벌칙)

다음 각 호의 어느 하나에 해당하는 자는 2년 이하의 징역 또는 2천만원 이하의 벌금에 처한다. 다만, 제 3호에 해당하는 자로서 그 위반행위로 얻은 이익의 100분의 50에 해당하는 금액이 2천만원을 초과하는 자는 2년 이 하의 징역 또는 그 이익의 2배에 해당하는 금액 이하의 벌금에 처한다.
1. 제52조제1항에 따른 등록을 하지 아니하고 주택관리업을 운영한 자 또는 거짓이나 그 밖의 부정한 방법으로 등 록한 자 2. 삭제〈2016. 1. 19.〉 3. 제90조제2항을 위반하여 부정하게 재물 또는 재산상의 이익을 취득하거나 제공한 자

제99조(벌칙)

다음 각 호의 어느 하나에 해당하는 자는 1년 이하의 징역 또는 1천만원 이하의 벌금에 처한다.
〈개정 2017. 3. 21., 2021. 8. 10.〉
1. 제26조제1항 및 제2항을 위반하여 회계감사를 받지 아니하거나 부정한 방법으로 받은 자
1의2. 제26조제5항을 위반하여 회계감사를 방해하는 등 같은 항 각 호의 어느 하나에 해당하는 행위를 한 자

1의3. 제27조제1항을 위반하여 장부 및 증빙서류를 작성 또는 보관하지 아니하거나 거짓으로 작성한 자

1의4. 제35조제1항 및 제4항을 위반한 자(같은 조 제1항 각 호의 행위 중 신고대상 행위를 신고하지 아니하고 행한 자는 제외한다)

2. 제50조제2항 및 제78조를 위반하여 직무상 알게 된 비밀을 누설한 자

3. 제53조에 따른 영업정지기간에 영업을 한 자나 주택관리업의 등록이 말소된 후 영업을 한 자

4. 삭제〈2016. 1. 19.〉

5. 제67조에 따라 주택관리사등의 자격을 취득하지 아니하고 관리사무소장의 업무를 수행한 자 또는 해당 자격이 없는 자에게 이를 수행하게 한 자

6. 제90조제4항부터 제6항까지를 위반하여 다음 각 목의 어느 하나에 해당하는 자

　가. 다른 자에게 자기의 성명 또는 상호를 사용하여 이 법에서 정한 사업이나 업무를 수행하게 하거나 자기의 등 록증 또는 자격증을 빌려준 자

　나. 다른 자의 성명 또는 상호를 사용하여 주택관리업 또는 주택관리사등의 업무를 수행하거나 다른 자의 등록증 또는 자격증을 빌린 자

　다. 가목 또는 나목의 행위를 알선한 자

7. 제92조제1항 또는 제93조제1항 · 제3항 · 제4항에 따른 조사 또는 검사나 감사를 거부 · 방해 또는 기피한 자

8. 제94조에 따른 공사 중지 등의 명령을 위반한 자

제100조(벌칙)

다음 각 호의 어느 하나에 해당하는 자는 1천만원 이하의 벌금에 처한다. 1. 제6조제1항에 따른 기술인력 또는 장비를 갖추지 아니하고 관리행위를 한 자 2. 제64조제1항을 위반하여 주택관리사등을 배치하지 아니한 자

제101조(양벌규정)

법인의 대표자나 법인 또는 개인의 대리인, 사용인, 그 밖의 종업원이 그 법인 또는 개인의 업무에 관하여 제97조부터 제99조까지의 어느 하나에 해당하는 위반행위를 하면 그 행위자를 벌하는 외에 그 법인 또는 개 인에게도 해당 조문의 벌금형을 과(科)한다. 다만, 법인 또는 개인이 그 위반행위를 방지하기 위하여 해당 업무에 관 하여 상당한 주의와 감독을 게을리하지 아니한 경우에는 그러하지 아니하다.

제102조(과태료)

① 제38조제2항을 위반하여 하자보수보증금을 이 법에 따른 용도 외의 목적으로 사용한 자에게는 2천 만원 이하의 과태료를 부과한다.

② 다음 각 호의 어느 하나에 해당하는 자에게는 1천만원 이하의 과태료를 부과한다.

〈개정 2016. 1. 19.〉

1. 제13조를 위반하여 공동주택의 관리업무를 인계하지 아니한 자

2. 삭제〈2017. 3. 21.〉

3. 삭제〈2017. 3. 21.〉

4. 제29조제2항을 위반하여 수립되거나 조정된 장기수선계획에 따라 주요시설을 교체하거나 보수하지 아니한 자

5. 제43조제3항에 따라 판정받은 하자를 보수하지 아니한 자

6. 제52조제5항을 위반하여 유사명칭을 사용한 자

7. 제93조제1항에 따른 보고 또는 자료 제출 등의 명령을 위반한 자

8. 제65조제5항을 위반하여 관리사무소장을 해임하거나 해임하도록 주택관리업자에게 요구한 자

9. 제90조제3항을 위반하여 관리비·사용료와 장기수선충당금을 이 법에 따른 용도 외의 목적으로 사용한 자

③ 다음 각 호의 어느 하나에 해당하는 자에게는 500만원 이하의 과태료를 부과한다.

〈개정 2015. 12. 29., 2016. 1. 19., 2017. 4. 18., 2018. 3. 13., 2019. 4. 23., 2020. 6. 9., 2020. 12. 8., 2021. 8. 10.〉

1. 제6조제1항에 따른 자치관리기구를 구성하지 아니한 자

2. 제7조제1항 또는 제25조를 위반하여 주택관리업자 또는 사업자를 선정한 자

3. 제10조의2제1항 본문 및 제4항에 따른 의무관리대상 공동주택의 전환 및 제외, 제11조제3항에 따른 관리방법의 결정 및 변경, 제19조제1항에 따른 관리규약의 제정 및 개정, 입주자대표회의의 구성 및 변경 등의 신고를 하지 아니한 자

4. 제14조제8항을 위반하여 회의록을 작성하여 보관하게 하지 아니하거나, 열람 청구 또는 복사 요구에 응하지 아 니한 자

5. 제23조제4항 또는 제5항을 위반하여 관리비 등의 내역을 공개하지 아니하거나 거짓으로 공개한 자

6. 제26조제3항을 위반하여 회계감사의 결과를 보고 또는 공개하지 아니하거나 거짓으로 보고 또는 공개한 자

6의2. 제26조제6항을 위반하여 회계감사 결과를 제출 또는 공개하지 아니하거나 거짓으로

제출 또는 공개한 자

7. 삭제〈2017. 3. 21.〉

8. 제27조제3항을 위반하여 장부나 증빙서류 등의 정보에 대한 열람, 복사의 요구에 응하지 아니하거나 거짓으로 응한 자

9. 제28조를 위반하여 계약서를 공개하지 아니하거나 거짓으로 공개한 자

10. 제29조를 위반하여 장기수선계획을 수립하지 아니하거나 검토하지 아니한 자 또는 장기수선계획에 대한 검토 사항을 기록하고 보관하지 아니한 자

11. 제30조에 따른 장기수선충당금을 적립하지 아니한 자

12. 제31조에 따라 설계도서 등을 보관하지 아니하거나 시설의 교체 및 보수 등의 내용을 기록·보관·유지하지 아 니한 자

13. 제32조에 따른 안전관리계획을 수립 또는 시행하지 아니하거나 교육을 받지 아니한 자

14. 제33조제1항에 따라 안전점검을 실시하지 아니하거나 같은 조 제2항에 따라 입주자대표회의 또는 시장·군수 ·구청장에게 통보 또는 보고하지 아니하거나 필요한 조치를 하지 아니한 자

15. 제35조제1항 각 호의 행위를 신고하지 아니하고 행한 자 15의2. 제37조제5항에 따른 하자보수에 대한 시정명령을 이행하지 아니한 자

16. 제38조제2항에 따른 신고를 하지 아니하거나 거짓으로 신고한 자

16의2. 제38조의2제1항을 위반하여 하자보수청구 서류 등을 보관하지 아니한 자

16의3. 제38조의2제2항을 위반하여 하자보수청구 서류 등을 제공하지 아니한 자

16의4. 제38조의2제3항을 위반하여 공동주택의 하자보수청구 서류 등을 인계하지 아니한 자

16의5. 제43조제6항을 위반하여 하자분쟁조정위원회의 출석요구를 따르지 아니한 안전진단 기관 또는 관계 전문가

16의6. 제44조의2제3항에 따라 하자분쟁조정위원회로부터 계속하여 2회의 출석 요구를 받고 정당한 사유 없이 출 석하지 아니한 자 또는 출석하여 거짓으로 진술하거나 감정한 자

16의7. 제44조의2제3항에 따라 제출을 요구받은 문서 또는 물건을 제출하지 아니하거나 거짓으로 제출한 자

17. 제46조제2항에 따른 조정등에 대한 답변서를 하자분쟁조정위원회에 제출하지 아니한 자 또는 제75조제1항에 따른 분쟁조정 신청에 대한 답변서를 중앙분쟁조정위원회에 제출하지 아니한 자

18. 제46조제3항에 따른 조정등에 응하지 아니한 자(입주자 및 임차인은 제외한다) 또는 제

75조제2항에 따른 분쟁 조정에 응하지 아니한 자 18의2. 제51조제1항에 따른 조사ㆍ검사 및 열람을 거부하거나 방해한 자

19. 제52조제1항에 따른 주택관리업의 등록사항 변경신고를 하지 아니하거나 거짓으로 신고한 자

20. 삭제〈2016. 1. 19.〉 21. 삭제〈2016. 1. 19.〉

22. 제63조제2항을 위반하여 공동주택을 관리한 자

23. 제64조제5항에 따른 배치 내용 및 직인의 신고 또는 변경신고를 하지 아니한 자

24. 제66조제3항에 따른 보증보험 등에 가입한 사실을 입증하는 서류를 제출하지 아니한 자

25. 제70조에 따른 교육을 받지 아니한 자

26. 제92조제1항에 따른 보고 또는 검사의 명령을 위반한 자

27. 제93조제8항 또는 제94조제3항을 위반하여 국토교통부장관 또는 지방자치단체의 장으로부터 통보받은 명령, 조사 또는 검사, 감사 결과 등의 내용을 공개하지 아니하거나 거짓으로 공개한 자 또는 열람, 복사 요구에 따르지 아니하거나 거짓으로 따른 자

④ 제1항부터 제3항까지의 규정에 따른 과태료는 대통령령으로 정하는 바에 따라 국토교통부장관 또는 지방자치단 체의 장이 부과한다.

제12장 부칙 〈제18385호,2021. 8. 10.〉

제1조(시행일)

이 법은 공포한 날부터 시행한다. 다만, 다음 각 호의 개정규정은 각 호의 구분에 따른 날부터 시행한다.

1. 제6조제1항, 제10조의2제2항ㆍ제5항ㆍ제6항, 제11조제4항ㆍ제5항, 제19조 및 제102조제3항제3호: 공포 후 1개 월이 경과한 날

2. 제53조제2항, 제90조제5항ㆍ제6항 및 제99조제6호: 공포 후 3개월이 경과한 날

3. 제27조제2항, 제41조제1항ㆍ제5항ㆍ제6항, 제46조제4항, 제65조 및 제65조의3: 공포 후 6개월이 경과한 날

제2조(의무관리대상 공동주택 전환신고 및 제외신고에 관한 적용례)

제10조의2제5항 및 제6항의 개정규정은 부칙 제 1조제1호에 따른 시행일 이후 의무관리대상 공동주택의 전환신고 및 제외신고를 하는 경우부터 적용한다.

제3조(공동주택의 관리방법 결정신고 및 변경신고에 관한 적용례)

제11조제4항 및 제5항의 개정규정은 부칙 제1조제 1호에 따른 시행일 이후 공동주택 관리방법의 결정신고 및 변경신고를 하는 경우부터 적용한다.

제4조(관리규약의 제정 등 신고 및 변경신고에 관한 적용례)

제19조제2항 및 제3항의 개정규정은 부칙 제1조제1호에 따른 시행일 이후 관리규약의 제정 등의 신고 및 변경신고를 하는 경우부터 적용한다.

제5조(위원의 제척 등에 대한 적용례)

제41조제1항·제5항 및 제6항과 제46조제4항의 개정규정은 부칙 제1조제3호에 따른 시행일 이후 조정등의 신청을 하는 경우부터 적용한다.

제6조(과징금에 관한 경과조치)

부칙 제1조제2호에 따른 시행일 전에 제53조제1항제3호부터 제6호까지, 제10호 및 제 11호의 어느 하나에 해당하는 경우에는 같은 조 제2항의 개정규정에도 불구하고 종전의 규정에 따른다.

공동주택관리
시행령

[시행 2022. 2. 11.]
[대통령령 제32412호, 2022. 2. 11., 일부개정]

제1장 총칙

제1조(목적)

이 영은 「공동주택관리법」에서 위임된 사항과 그 시행에 필요한 사항을 규정함을 목적으로 한다.

제2조(의무관리대상 공동주택의 범위)

「공동주택관리법」(이하 "법"이라 한다) 제2조제1항제2호마목에서 "대통령령으로 정하는 기준"이란 전체 입주자등의 3분의 2 이상이 서면으로 동의하는 방법을 말한다.

[전문개정 2020. 4. 24.]

제2장 공동주택의 관리방법

제3조(관리방법의 결정 방법)

법 제5조제2항에 따른 공동주택 관리방법의 결정 또는 변경은 다음 각 호의 어느 하나에 해당하는 방법으로 한다. 〈개정 2021. 10. 19.〉

　　1. 입주자대표회의의 의결로 제안하고 전체 입주자등의 과반수가 찬성

　　2. 전체 입주자등의 10분의 1 이상이 서면으로 제안하고 전체 입주자등의 과반수가 찬성

제4조(자치관리기구의 구성 및 운영)

① 법 제6조제1항에서 "대통령령으로 정하는 기술인력 및 장비"란 별표 1에 따른 기술인력 및 장비를 말한다.

② 법 제6조제1항에 따른 자치관리기구(이하 "자치관리기구"라 한다)는 입주자대표회의의 감독을 받는다.

③ 자치관리기구 관리사무소장은 입주자대표회의가 입주자대표회의 구성원(관리규약으로 정한 정원을 말하며, 해당 입주자대표회의 구성원의 3분의 2 이상이 선출되었을 때에는 그 선출된 인원을 말한다. 이하 같다) 과반수의 찬성으로 선임한다.

④ 입주자대표회의는 제3항에 따라 선임된 관리사무소장이 해임되거나 그 밖의 사유로 결원이 되었을 때에는 그 사유가 발생한 날부터 30일 이내에 새로운 관리사무소장을 선임하여야 한다.

⑤ 입주자대표회의 구성원은 자치관리기구의 직원을 겸할 수 없다.

제5조(주택관리업자의 선정 등)

① 법 제7조제1항제1호에 따른 전자입찰방식의 세부기준, 절차 및 방법 등은 국토교통 부장관이 정하여 고시한다.

② 법 제7조제1항제2호에서 "입찰의 방법 등 대통령령으로 정하는 방식"이란 다음 각 호에 따른 방식을 말한다.

　　1. 국토교통부장관이 정하여 고시하는 경우 외에는 경쟁입찰로 할 것. 이 경우 다음 각 목의 사항은 국토교통부장관 이 정하여 고시한다.

　　　　가. 입찰의 절차

　　　　나. 입찰 참가자격

　　　　다. 입찰의 효력

　　　　라. 그 밖에 주택관리업자의 적정한 선정을 위하여 필요한 사항

　　2. 제1호에도 불구하고 계약기간이 끝난 주택관리업자를 수의계약의 방법으로 다시 관리주체로 선정하려는 경우에 는 다음 각 목의 요건을 모두 갖출 것

　　　　가. 관리규약으로 정하는 절차에 따라 입주자등의 의견을 청취한 결과 전체 입주자등의 10분의 1 이상이 서면으 로 이의를 제기하지 아니할 것

　　　　나. 가목의 요건이 충족된 이후 입주자대표회의 구성원 3분의 2 이상이 찬성할 것

　　3. 입주자대표회의의 감사가 입찰과정 참관을 원하는 경우에는 참관할 수 있도록 할 것

　　4. 계약기간은 장기수선계획의 조정 주기를 고려하여 정할 것

③ 법 제7조제2항 전단에 따라 입주자등이 새로운 주택관리업자 선정을 위한 입찰에서 기존 주택관리업자의 참가 를 제한하도록 입주자대표회의에 요구하려면 전체 입주자등 과반수의 서면동의가 있어야 한다.

제6조(공동주택관리기구의 구성 · 운영)

① 법 제9조제1항에 따라 공동주택관리기구는 별표 1에 따른 기술인력 및 장비 를 갖추어야 한다.

② 입주자대표회의 또는 관리주체는 법 제8조에 따라 공동주택을 공동관리하거나 구분관리하는 경우에는 공동관리 또는 구분관리 단위별로 법 제9조제1항에 따른 공동주택관리기구를 구성하여야 한다.

제7조(혼합주택단지의 관리)

① 법 제10조제1항에 따라 혼합주택단지의 입주자대표회의와 임대사업자가 혼합주택단지 의 관리에 관하여 공동으로 결정하여야 하는 사항은 다음 각 호와 같다.

1. 법 제5조제1항에 따른 관리방법의 결정 및 변경

2. 주택관리업자의 선정

3. 장기수선계획의 조정

4. 장기수선충당금(법 제30조제1항에 따른 장기수선충당금을 말한다. 이하 같다) 및 특별수선충당금(「민간임대주택 에 관한 특별법」 제53조 또는 「공공주택 특별법」 제50조의4에 따른 특별수선충당금을 말한다)을 사용하는 주요 시설의 교체 및 보수에 관한 사항

5. 법 제25조 각 호 외의 부분에 따른 관리비등(이하 "관리비등"이라 한다)을 사용하여 시행하는 각종 공사 및 용역 에 관한 사항

② 제1항에도 불구하고 다음 각 호의 요건을 모두 갖춘 혼합주택단지에서는 제1항제4호 또는 제5호의 사항을 입주 자대표회의와 임대사업자가 각자 결정할 수 있다.

1. 분양을 목적으로 한 공동주택과 임대주택이 별개의 동(棟)으로 배치되는 등의 사유로 구분하여 관리가 가능할 것

2. 입주자대표회의와 임대사업자가 공동으로 결정하지 아니하고 각자 결정하기로 합의하였을 것

③ 제1항 각 호의 사항을 공동으로 결정하기 위한 입주자대표회의와 임대사업자 간의 합의가 이뤄지지 않는 경우에 는 다음 각 호의 구분에 따라 혼합주택단지의 관리에 관한 사항을 결정한다. 〈개정 2020. 4. 24.〉

1. 제1항제1호 및 제2호의 사항: 해당 혼합주택단지 공급면적의 2분의 1을 초과하는 면적을 관리하는 입주자대표회 의 또는 임대사업자가 결정

2. 제1항제3호부터 제5호까지의 사항: 해당 혼합주택단지 공급면적의 3분의 2 이상을 관리하는 입주자대표회의 또 는 임대사업자가 결정. 다만, 다음 각 목의 요건에 모두 해당하는 경우에는 해당 혼합주택단지 공급면적의 2분의 1을 초과하는 면적을 관리하는 자가 결정한다. 가. 해당 혼합주택단지 공급면적의 3분의 2 이상을 관리하는 입주자대표회의 또는 임대사업자가 없을 것 나. 제33조에 따른 시설물의 안전관리계획 수립대상 등 안전관리에 관한 사항일 것 다. 입주자대표회의와 임대사업자 간 2회의 협의에도 불구하고 합의가 이뤄지지 않을 것

④ 입주자대표회의 또는 임대사업자는 제3항에도 불구하고 혼합주택단지의 관리에 관한 제1항 각 호의 사항에 관 한 결정이 이루어지지 아니하는 경우에는 법 제71조제1항에 따른 공동주

택관리 분쟁조정위원회에 분쟁의 조정을 신청할 수 있다.

제7조의2(의무관리대상 공동주택 전환 등)

① 법 제10조의2제1항에 따라 의무관리대상 공동주택 전환 신고를 하려는 자는 입주자등의 동의를 받은 날부터 30일 이내에 관할 특별자치시장·특별자치도지사·시장·군수·구청장(구청 장은 자치구의 구청장을 말하며, 이하 "시장·군수·구청장"이라 한다)에게 국토교통부령으로 정하는 신고서를 제출해야 한다.

② 법 제10조의2제4항에 따라 의무관리대상 공동주택 제외 신고를 하려는 입주자대표회의의 회장(직무를 대행하는 경우에는 그 직무를 대행하는 사람을 포함한다. 이하 같다)은 입주자등의 동의를 받은 날부터 30일 이내에 시장·군수·구청장에게 국토교통부령으로 정하는 신고서를 제출해야 한다. [본조신설 2020. 4. 24.]

제8조(입주자등에 대한 관리요구의 통지)

① 사업주체는 법 제11조제1항에 따라 입주자등에게 입주예정자의 과반수가 입주한 사실을 통지할 때에는 통지서에 다음 각 호의 사항을 기재하여야 한다.

1. 총 입주예정세대수 및 총 입주세대수
2. 동별 입주예정세대수 및 동별 입주세대수
3. 공동주택의 관리방법에 관한 결정의 요구
4. 사업주체의 성명 및 주소(법인인 경우에는 명칭 및 소재지를 말한다)

② 임대사업자는 다음 각 호의 어느 하나에 해당하는 경우에는 제1항을 준용하여 입주자등에게 통지하여야 한다.

1. 「민간임대주택에 관한 특별법」 제2조제2호에 따른 민간건설임대주택을 같은 법 제43조에 따라 임대사업자 외의 자에게 양도하는 경우로서 해당 양도 임대주택 입주예정자의 과반수가 입주하였을 때
2. 「공공주택 특별법」 제2조제1호의2에 따른 공공건설임대주택에 대하여 같은 조 제4호에 따른 분양전환을 하는 경우로서 해당 공공건설임대주택 전체 세대수의 과반수가 분양전환된 때

③ 사업주체 및 제2항에 따른 임대사업자는 입주자대표회의의 구성에 협력하여야 한다.

제9조(관리방법 결정 등의 신고)

법 제11조제3항에 따라 입주자대표회의의 회장은 공동주택 관리방법의 결정(위탁관리 하는 방

법을 선택한 경우에는 그 주택관리업자의 선정을 포함한다) 또는 변경결정에 관한 신고를 하려는 경우에는 그 결정일 또는 변경결정일부터 30일 이내에 신고서를 시장·군수·구청장에게 제출해야 한다. 〈개정 2020. 4. 24.〉

제10조(관리업무의 인계)

① 사업주체 또는 법 제10조의2제1항에 따른 의무관리대상 전환 공동주택의 관리인(이하 "의무관리대상 전환 공동주택의 관리인"이라 한다)은 법 제13조제1항에 따라 같은 조 각 호의 어느 하나에 해당하게 된 날부터 1개월 이내에 해당 공동주택의 관리주체에게 공동주택의 관리업무를 인계해야 한다. 〈개정 2020. 4. 24.〉

② 법 제13조제2항에 따른 새로운 관리주체는 기존 관리의 종료일까지 공동주택관리기구를 구성하여야 하며, 기존 관리주체는 해당 관리의 종료일까지 공동주택의 관리업무를 인계하여야 한다.

③ 제2항에도 불구하고 기존 관리의 종료일까지 인계·인수가 이루어지지 아니한 경우 기존 관리주체는 기존 관리 의 종료일(기존 관리의 종료일까지 새로운 관리주체가 선정되지 못한 경우에는 새로운 관리주체가 선정된 날을 말 한다)부터 1개월 이내에 새로운 관리주체에게 공동주택의 관리업무를 인계하여야 한다. 이 경우 그 인계기간에 소 요되는 기존 관리주체의 인건비 등은 해당 공동주택의 관리비로 지급할 수 있다. ④ 사업주체 또는 의무관리대상 전환 공동주택의 관리인은 법 제13조제1항에 따라 공동주택의 관리업무를 해당 관 리주체에 인계할 때에는 입주자대표회의의 회장 및 1명 이상의 감사의 참관하에 인계자와 인수자가 인계·인수서 에 각각 서명·날인하여 다음 각 호의 서류를 인계해야 한다. 기존 관리주체가 같은 조 제2항에 따라 새로운 관리주 체에게 공동주택의 관리업무를 인계하는 경우에도 또 한 같다. 〈개정 2017. 9. 29., 2020. 4. 24.〉

1. 설계도서, 장비의 명세, 장기수선계획 및 법 제32조에 따른 안전관리계획(이하 "안전관리계획"이라 한다)

2. 관리비·사용료·이용료의 부과·징수현황 및 이에 관한 회계서류

3. 장기수선충당금의 적립현황

4. 법 제24조제1항에 따른 관리비예치금의 명세

5. 법 제36조제3항제1호에 따라 세대 전유부분을 입주자에게 인도한 날의 현황 6. 관리규약 과 그 밖에 공동주택의 관리업무에 필요한 사항

⑤ 건설임대주택(「민간임대주택에 관한 특별법」 제2조제2호에 따른 민간건설임대주택 및 「공공주택 특별법」 제 2조제1호의2에 따른 공공건설임대주택을 말한다. 이하 같다)을

분양전환(「민간임대주택에 관한 특별법」 제43조에 따른 임대사업자 외의 자에게의 양도 및 「공공주택 특별법」 제2조제4호에 따른 분양전환을 말한다. 이하 같다)하 는 경우 임대사업자는 제1항 및 제4항을 준용하여 관리주체에게 공동주택의 관리업무를 인계하여야 한다. 이 경우 제4항제5호의 "입주자"는 "임차인"으로 본다. 〈개정 2017. 9. 29.〉

제3장 입주자대표회의 및 관리규약

제1절 입주자대표회의

제11조(동별 대표자의 선출)

① 법 제14조제3항에 따라 동별 대표자(같은 조 제1항에 따른 동별 대표자를 말한다. 이하 같다)는 선거구별로 1명씩 선출하되 그 선출방법은 다음 각 호의 구분에 따른다.

1. 후보자가 2명 이상인 경우: 해당 선거구 전체 입주자등의 과반수가 투표하고 후보자 중 최다득표자를 선출

2. 후보자가 1명인 경우: 해당 선거구 전체 입주자등의 과반수가 투표하고 투표자 과반수의 찬성으로 선출

② 사용자는 법 제14조제3항 각 호 외의 부분 단서 및 같은 조 제9항에 따라 2회의 선출공고(직전 선출공고일부터 2개월 이내에 공고하는 경우만 2회로 계산한다)에도 불구하고 입주자(입주자가 법인인 경우에는 그 대표자를 말한 다. 이하 이 조에서 같다)인 동별 대표자의 후보자가 없는 선거구에서 직전 선출공고일부터 2개월 이내에 선출공고 를 하는 경우로서 같은 조 제3항 각 호와 다음 각 호의 어느 하나에 해당하는 요건을 모두 갖춘 경우에는 동별 대표 자가 될 수 있다. 이 경우 입주자인 후보자가 있으면 사용자는 후보자의 자격을 상실한다. 〈신설 2020. 4. 24.〉

1. 공동주택을 임차하여 사용하는 사람일 것. 이 경우 법인인 경우에는 그 대표자를 말한다.

2. 제1호 전단에 따른 사람의 배우자 또는 직계존비속일 것. 이 경우 제1호 전단에 따른 사람이 서면으로 위임한 대 리권이 있는 경우만 해당한다.

③ 법 제14조제3항제1호에서 "대통령령으로 정하는 기간"이란 6개월을 말한다. 〈개정 2020. 4. 24.〉

④ 법 제14조제4항제5호에서 "대통령령으로 정하는 사람"이란 다음 각 호의 어느 하나에 해당하는 사람을 말한다. 〈개정 2020. 4. 24., 2021. 1. 5.〉

1. 법 또는 「주택법」, 「민간임대주택에 관한 특별법」, 「공공주택 특별법」, 「건축법」, 「집합건물의 소유 및 관리에 관한 법률」을 위반한 범죄로 벌금형을 선고받은 후 2년이 지나지 않은 사람

2. 법 제15조제1항에 따른 선거관리위원회 위원(사퇴하거나 해임 또는 해촉된 사람으로서 그 남은 임기 중에 있는 사람을 포함한다)

3. 공동주택의 소유자가 서면으로 위임한 대리권이 없는 소유자의 배우자나 직계존비속

4. 해당 공동주택 관리주체의 소속 임직원과 해당 공동주택 관리주체에 용역을 공급하거나 사업자로 지정된 자의 소속 임원. 이 경우 관리주체가 주택관리업자인 경우에는 해당 주택관리업자를 기준으로 판단한다.

5. 해당 공동주택의 동별 대표자를 사퇴한 날부터 1년(해당 동별 대표자에 대한 해임이 요구된 후 사퇴한 경우에는 2년을 말한다)이 지나지 아니하거나 해임된 날부터 2년이 지나지 아니한 사람

6. 제23조제1항부터 제5항까지의 규정에 따른 관리비 등을 최근 3개월 이상 연속하여 체납한 사람

7. 동별 대표자로서 임기 중에 제6호에 해당하여 법 제14조제5항에 따라 퇴임한 사람으로서 그 남은 임기(남은 임 기가 1년을 초과하는 경우에는 1년을 말한다) 중에 있는 사람

⑤ 공동주택 소유자 또는 공동주택을 임차하여 사용하는 사람의 결격사유(법 제14조제4항 및 이 조 제4항에 따른 결격사유를 말한다. 이하 같다)는 그를 대리하는 자에게 미치며, 공유(共有)인 공동주택 소유자의 결격사유를 판단 할 때에는 지분의 과반을 소유한 자의 결격사유를 기준으로 한다. 〈개정 2020. 4. 24.〉

제12조(입주자대표회의 임원의 선출 등)

① 법 제14조제6항에 따라 입주자대표회의에는 다음 각 호의 임원을 두어야 한다.
〈개정 2018. 9. 11.〉

1. 회장 1명

2. 감사 2명 이상

3. 이사 1명 이상

② 법 제14조제9항에 따라 제1항의 임원은 동별 대표자 중에서 다음 각 호의 구분에 따른 방법으로 선출한다. 〈개정 2021. 10. 19.〉

1. 회장 선출방법 가. 입주자등의 보통 · 평등 · 직접 · 비밀선거를 통하여 선출 나. 후보자가 2명 이상인 경우: 전체 입주자등의 10분의 1 이상이 투표하고 후보자 중 최다득표자를 선

출 다. 후보자가 1명인 경우: 전체 입주자등의 10분의 1 이상이 투표하고 투표자 과반수의 찬성으로 선출 라. 다음의 경우에는 입주자대표회의 구성원 과반수의 찬성으로 선출하며, 입주자대표회의 구성원 과반수 찬성으 로 선출할 수 없는 경우로서 최다득표자가 2인 이 상인 경우에는 추첨으로 선출

    1) 후보자가 없거나 가목부터 다목까지의 규정에 따라 선출된 자가 없는 경우

    2) 가목부터 다목까지의 규정에도 불구하고 500세대 미만의 공동주택 단지에서 관리규약으로 정하는 경우

2. 감사 선출방법

  가. 입주자등의 보통 · 평등 · 직접 · 비밀선거를 통하여 선출

  나. 후보자가 선출필요인원을 초과하는 경우: 전체 입주자등의 10분의 1 이상이 투표하고 후보자 중 다득표자 순 으로 선출

  다. 후보자가 선출필요인원과 같거나 미달하는 경우: 후보자별로 전체 입주자등의 10분의 1 이상이 투표하고 투 표자 과반수의 찬성으로 선출

  라. 다음의 경우에는 입주자대표회의 구성원 과반수의 찬성으로 선출하며, 입주자대표회의 구성원 과반수 찬성으 로 선출할 수 없는 경우로서 최다득표자가 2인 이상인 경우에는 추첨으로 선출

    1) 후보자가 없거나 가목부터 다목까지의 규정에 따라 선출된 자가 없는 경우(선출된 자가 선출필요인원에 미 달하여 추가선출이 필요한 경우를 포함한다)

    2) 가목부터 다목까지의 규정에도 불구하고 500세대 미만의 공동주택 단지에서 관리규약으로 정하는 경우

3. 이사 선출방법: 입주자대표회의 구성원 과반수의 찬성으로 선출하며, 입주자대표회의 구성원 과반수 찬성으로 선 출할 수 없는 경우로서 최다득표자가 2인 이상인 경우에는 추첨으로 선출

③ 입주자대표회의는 입주자등의 소통 및 화합의 증진을 위하여 그 이사 중 공동체 생활의 활성화에 관한 업무를 담당하는 이사를 선임할 수 있다.

④ 입주자대표회의 임원의 업무범위 등은 국토교통부령으로 정한다.

제13조(동별 대표자의 임기 등)

① 법 제14조제9항에 따라 동별 대표자의 임기는 2년으로 한다. 다만, 보궐선거 또는 재 선거로 선출된 동별 대표자의 임기는 다음 각 호의 구분에 따른다. 〈개정 2018. 9. 11., 2019. 10. 22., 2020. 4. 24.〉

1. 모든 동별 대표자의 임기가 동시에 시작하는 경우: 2년

2. 그 밖의 경우: 전임자 임기(재선거의 경우 재선거 전에 실시한 선거에서 선출된 동별 대표자의 임기를 말한다)의 남은 기간

② 법 제14조제9항에 따라 동별 대표자는 한 번만 중임할 수 있다. 이 경우 보궐선거 또는 재선거로 선출된 동별 대 표자의 임기가 6개월 미만인 경우에는 임기의 횟수에 포함하지 않는다.
〈개정 2018. 9. 11., 2019. 10. 22., 2020. 4. 24.〉

③ 제11조제1항 및 이 조 제2항에도 불구하고 2회의 선출공고(직전 선출공고일부터 2개월 이내에 공고하는 경우만 2회로 계산한다)에도 불구하고 동별 대표자의 후보자가 없거나 선출된 사람이 없는 선거구에서 직전 선출공고일부 터 2개월 이내에 선출공고를 하는 경우에는 동별 대표자를 중임한 사람도 해당 선거구 입주자등의 과반수의 찬성으 로 다시 동별 대표자로 선출될 수 있다. 이 경우 후보자 중 동별 대표자를 중임하지 않은 사람이 있으면 동별 대표자를 중임한 사람은 후보자의 자격을 상실한다.
〈개정 2018. 9. 11., 2020. 4. 24.〉

④ 법 제14조제9항에 따라 동별 대표자 및 입주자대표회의의 임원은 관리규약으로 정한 사유가 있는 경우에 다음 각 호의 구분에 따른 방법으로 해임한다.
〈개정 2018. 9. 11., 2020. 4. 24., 2021. 10. 19.〉

1. 동별 대표자: 해당 선거구 전체 입주자등의 과반수가 투표하고 투표자 과반수의 찬성으로 해임

2. 입주자대표회의의 임원: 다음 각 목의 구분에 따른 방법으로 해임 가. 회장 및 감사: 전체 입주자등의 10분의 1 이상이 투표하고 투표자 과반수의 찬성으로 해임. 다만, 제12조제2항 제1호라목2) 및 같은 항 제2호라목2)에 따라 입주자대표회의에서 선출된 회장 및 감사는 관리규약으로 정하는 절차에 따라 해임한다. 나. 이사: 관리규약으로 정하는 절차에 따라 해임

제14조(입주자대표회의의 의결방법 및 의결사항 등)

① 법 제14조제9항에 따라 입주자대표회의는 입주자대표회의 구 성원 과반수의 찬성으로 의결한다.
〈개정 2018. 9. 11., 2020. 4. 24.〉

② 법 제14조제10항에 따른 입주자대표회의의 의결사항은 다음 각 호와 같다.
〈개정 2017. 1. 10., 2018. 9. 11., 2019. 10. 22., 2020. 4. 24., 2021. 1. 5.〉

1. 관리규약 개정안의 제안(제안서에는 개정안의 취지, 내용, 제안유효기간 및 제안자 등을 포함한다. 이하 같다)

2. 관리규약에서 위임한 사항과 그 시행에 필요한 규정의 제정·개정 및 폐지

3. 공동주택 관리방법의 제안

4. 제23조제1항부터 제5항까지에 따른 관리비 등의 집행을 위한 사업계획 및 예산의 승인(변경승인을 포함한다)

5. 공용시설물 이용료 부과기준의 결정

6. 제23조제1항부터 제5항까지에 따른 관리비 등의 회계감사 요구 및 회계감사보고서의 승인

7. 제23조제1항부터 제5항까지에 따른 관리비 등의 결산의 승인

8. 단지 안의 전기 · 도로 · 상하수도 · 주차장 · 가스설비 · 냉난방설비 및 승강기 등의 유지 · 운영 기준

9. 자치관리를 하는 경우 자치관리기구 직원의 임면에 관한 사항

10. 장기수선계획에 따른 공동주택 공용부분의 보수 · 교체 및 개량

11. 법 제35조제1항에 따른 공동주택 공용부분의 행위허가 또는 신고 행위의 제안

12. 제39조제5항 및 제6항에 따른 공동주택 공용부분의 담보책임 종료 확인

13. 「주택건설기준 등에 관한 규정」 제2조제3호에 따른 주민공동시설(이하 "주민공동시설"이라 하며, 이 조, 제19조 , 제23조, 제25조, 제29조 및 제29조의2에서는 제29조의3제1항 각 호의 시설은 제외한다) 위탁 운영의 제안

13의2. 제29조의2에 따른 인근 공동주택단지 입주자등의 주민공동시설 이용에 대한 허용 제안

14. 장기수선계획 및 안전관리계획의 수립 또는 조정(비용지출을 수반하는 경우로 한정한다)

15. 입주자등 상호간에 이해가 상반되는 사항의 조정

16. 공동체 생활의 활성화 및 질서유지에 관한 사항

17. 그 밖에 공동주택의 관리와 관련하여 관리규약으로 정하는 사항

③ 제1항 및 제2항에도 불구하고 입주자대표회의 구성원 중 사용자인 동별 대표자가 과반수인 경우에는 법 제14조 제11항에 따라 제2항제12호에 관한 사항은 의결사항에서 제외하고, 같은 항 제14호 중 장기수선계획의 수립 또는 조정에 관한 사항은 전체 입주자 과반수의 서면 동의를 받아 그 동의 내용대로 의결한다. 〈신설 2020. 4. 24.〉

④ 입주자대표회의는 관리규약으로 정하는 바에 따라 회장이 그 명의로 소집한다. 다만, 다음 각 호의 어느 하나에 해당하는 때에는 회장은 해당일부터 14일 이내에 입주자대표회의를 소집해야 하며, 회장이 회의를 소집하지 않는 경우에는 관리규약으로 정하는 이사가 그 회의를 소집하고 회장의 직무를 대행한다. 〈개정 2020. 4. 24.〉

1. 입주자대표회의 구성원 3분의 1 이상이 청구하는 때

2. 입주자등의 10분의 1 이상이 요청하는 때

3. 전체 입주자의 10분의 1 이상이 요청하는 때(제2항제14호 중 장기수선계획의 수립 또는 조정에 관한 사항만 해 당한다)

⑤ 입주자대표회의는 제2항 각 호의 사항을 의결할 때에는 입주자등이 아닌 자로서 해당 공동주택의 관리에 이해관 계를 가진 자의 권리를 침해해서는 안 된다.

〈개정 2019. 10. 22., 2020. 4. 24.〉

⑥ 입주자대표회의는 주택관리업자가 공동주택을 관리하는 경우에는 주택관리업자의 직원인 사 · 노무관리 등의 업 무수행에 부당하게 간섭해서는 아니 된다.　　〈개정 2020. 4. 24.〉

제15조(선거관리위원회 구성원 수 등)

① 법 제15조제1항에 따른 선거관리위원회(이하 "선거관리위원회"라 한다)는 입 주자등(서면으로 위임된 대리권이 없는 공동주택 소유자의 배우자 및 직계존비속이 그 소유자를 대리하는 경우를 포 함한다) 중에서 위원장을 포함하여 다음 각 호의 구분에 따른 위원으로 구성한다.

〈개정 2018. 1. 30.〉

1. 500세대 이상인 공동주택: 5명 이상 9명 이하

2. 500세대 미만인 공동주택: 3명 이상 9명 이하

② 선거관리위원회 위원장은 위원 중에서 호선한다.

③ 제1항에도 불구하고 500세대 이상인 공동주택은 「선거관리위원회법」 제2조에 따른 선거관리위원회 소속 직원 1명을 관리규약으로 정하는 바에 따라 위원으로 위촉할 수 있다.

④ 선거관리위원회는 그 구성원(관리규약으로 정한 정원을 말한다) 과반수의 찬성으로 그 의사를 결정한다. 이 경우 이 영 및 관리규약으로 정하지 아니한 사항은 선거관리위원회 규정으로 정할 수 있다.

⑤ 선거관리위원회의 구성 · 운영 · 업무(법 제14조제4항 각 호에 따른 동별 대표자 결격사유의 확인을 포함한다) · 경비, 위원의 선임 · 해임 및 임기 등에 관한 사항은 관리규약으로 정한다.

제16조(선거관리위원회 위원의 결격사유 등)

법 제15조제2항제3호에서 "대통령령으로 정하는 사람"이란 다음 각 호의 어느 하나에 해당하는 사람을 말한다.　　〈개정 2020. 4. 24.〉

1. 미성년자, 피성년후견인 또는 피한정후견인

2. 동별 대표자를 사퇴하거나 그 지위에서 해임된 사람 또는 법 제14조제5항에 따라 퇴임한 사람으로서 그 남은 임기 중에 있는 사람

3. 선거관리위원회 위원을 사퇴하거나 그 지위에서 해임 또는 해촉된 사람으로서 그 남은 임기 중에 있는 사람

제17조(동별 대표자 후보자 등에 대한 범죄경력 조회)

① 법 제16조제1항 또는 제2항에 따라 선거관리위원회 위원장은 동별 대표자 후보자 또는 동별 대표자에 대한 범죄경력의 확인을 경찰관서의 장에게 요청하여야 한다. 이 경우 동별 대표자 후보자 또는 동별 대표자의 동의서를 첨부하여야 한다.　　　　　　　　　〈개정 2018. 9. 11.〉

② 제1항에 따른 요청을 받은 경찰관서의 장은 동별 대표자 후보자 또는 동별 대표자가 법 제14조제4항제3호 · 제 4호 또는 이 영 제11조제4항제1호에 따른 범죄의 경력이 있는지 여부를 확인하여 회신해야 한다.　　　　　　〈개정 2018. 9. 11., 2020. 4. 24.〉

[제목개정 2018. 9. 11.]

제18조(입주자대표회의 구성원 등 교육)

① 법 제17조제1항 또는 제3항에 따라 시장 · 군수 · 구청장은 입주자대표회의 구성원 또는 입주자등에 대하여 입주자대표회의의 운영과 관련하여 필요한 교육 및 윤리교육(이하 이 조에서 "운영 · 윤리교육"이라 한다)을 하려면 다음 각 호의 사항을 교육 10일 전까지 공고하거나 교육대상자에게 알려야 한다.　　　　　　　　　　　　　〈개정 2018. 9. 11.〉

1. 교육일시, 교육기간 및 교육장소

2. 교육내용

3. 교육대상자

4. 그 밖에 교육에 관하여 필요한 사항

② 입주자대표회의 구성원은 매년 4시간의 운영 · 윤리교육을 이수하여야 한다.

③ 운영 · 윤리교육은 집합교육의 방법으로 한다. 다만, 교육 참여현황의 관리가 가능한 경우에는 그 전부 또는 일부 를 온라인교육으로 할 수 있다.

④ 시장 · 군수 · 구청장은 운영 · 윤리교육을 이수한 사람에게 수료증을 내주어야 한다. 다만, 교육수료사실을 입주 자대표회의 구성원이 소속된 입주자대표회의에 문서로 통보함으로써 수료증의 수여를 갈음할 수 있다.　　　　　　　　　　　　　　　　　　　〈개정 2018. 9. 11.〉

⑤ 입주자대표회의 구성원에 대한 운영 · 윤리교육의 수강비용은 제23조제3항제8호에 따른 입주자대표회의 운영경 비에서 부담하며, 입주자등에 대한 운영 · 윤리교육의 수강비용은 수강

생 본인이 부담한다. 다만, 시장·군수·구청장은 필요하다고 인정하는 경우에는 그 비용의 전부 또는 일부를 지원할 수 있다. 〈개정 2018. 9. 11.〉

⑥ 시장·군수·구청장은 입주자대표회의 구성원의 운영·윤리교육 참여현황을 엄격히 관리하여야 하며, 운영·윤리교육을 이수하지 아니한 입주자대표회의 구성원에 대해서는 법 제93조제1항에 따라 필요한 조치를 하여야 한다. 〈개정 2018. 9. 11.〉

제목개정 2018. 9. 11.]

제2절 관리규약 등

제19조(관리규약의 준칙)

① 법 제18조제1항에 따른 관리규약의 준칙(이하 "관리규약준칙"이라 한다)에는 다음 각 호의 사항이 포함되어야 한다. 이 경우 입주자등이 아닌 자의 기본적인 권리를 침해하는 사항이 포함되어서는 안 된다. 〈개정 2017. 1. 10., 2017. 8. 16., 2020. 4. 24., 2021. 1. 5., 2021. 10. 19.〉

1. 입주자등의 권리 및 의무(제2항에 따른 의무를 포함한다)

2. 입주자대표회의의 구성·운영과 그 구성원의 의무 및 책임

3. 동별 대표자의 선거구·선출절차와 해임 사유·절차 등에 관한 사항

4. 선거관리위원회의 구성·운영·업무·경비, 위원의 선임·해임 및 임기 등에 관한 사항

5. 입주자대표회의 소집절차, 임원의 해임 사유·절차 등에 관한 사항

6. 제23조제3항제8호에 따른 입주자대표회의 운영경비의 용도 및 사용금액(운영·윤리교육 수강비용을 포함한다)

7. 자치관리기구의 구성·운영 및 관리사무소장과 그 소속 직원의 자격요건·인사·보수·책임

8. 입주자대표회의 또는 관리주체가 작성·보관하는 자료의 종류 및 그 열람방법 등에 관한 사항

9. 위·수탁관리계약에 관한 사항 10. 제2항 각 호의 행위에 대한 관리주체의 동의기준

11. 법 제24조제1항에 따른 관리비예치금의 관리 및 운용방법

12. 제23조제1항부터 제5항까지의 규정에 따른 관리비 등의 세대별부담액 산정방법, 징수, 보관, 예치 및 사용절차

13. 제23조제1항부터 제5항까지의 규정에 따른 관리비 등을 납부하지 아니한 자에 대한 조치

14. 장기수선충당금의 요율 및 사용절차 15. 회계관리 및 회계감사에 관한 사항

16. 회계관계 임직원의 책임 및 의무(재정보증에 관한 사항을 포함한다)

17. 각종 공사 및 용역의 발주와 물품구입의 절차

18. 관리 등으로 인하여 발생한 수입의 용도 및 사용절차

19. 공동주택의 관리책임 및 비용부담 20. 관리규약을 위반한 자 및 공동생활의 질서를 문란하게 한 자에 대한 조치

21. 공동주택의 어린이집 임대계약(지방자치단체에 무상임대하는 것을 포함한다)에 대한 다음 각 목의 임차인 선정 기준. 이 경우 그 기준은 「영유아보육법」 제24조제2항 각 호 외의 부분 후단에 따른 국공립어린이집 위탁체 선정 관리 기준에 따라야 한다.

　가. 임차인의 신청자격

　나. 임차인 선정을 위한 심사기준

　다. 어린이집을 이용하는 입주자등 중 어린이집 임대에 동의하여야 하는 비율

　라. 임대료 및 임대기간

　마. 그 밖에 어린이집의 적정한 임대를 위하여 필요한 사항

22. 공동주택의 층간소음 및 간접흡연에 관한 사항

23. 주민공동시설의 위탁에 따른 방법 또는 절차에 관한 사항

23의2. 제29조의2에 따라 주민공동시설을 인근 공동주택단지 입주자등도 이용할 수 있도록 허용하는 경우에 대한 다음 각 목의 기준

　가. 입주자등 중 허용에 동의하여야 하는 비율

　나. 이용자의 범위

　다. 그 밖에 인근 공동주택단지 입주자등의 이용을 위하여 필요한 사항

24. 혼합주택단지의 관리에 관한 사항

25. 전자투표의 본인확인 방법에 관한 사항

26. 공동체 생활의 활성화에 관한 사항

27. 공동주택의 주차장 임대계약 등에 대한 다음 각 목의 기준

　가. 「도시교통정비 촉진법」 제33조제1항제4호에 따른 승용차 공동이용을 위한 주차장 임대계약의 경우

　　1) 입주자등 중 주차장의 임대에 동의하는 비율

　　2) 임대할 수 있는 주차대수 및 위치

　　3) 이용자의 범위

　　4) 그 밖에 주차장의 적정한 임대를 위하여 필요한 사항

　나. 지방자치단체와 입주자대표회의 간 체결한 협약에 따라 지방자치단체 또는 「지방공기업법」 제76조에 따라 설립된 지방공단이 직접 운영·관리하거나 위탁하여 운

영·관리하는 방식으로 입주자등 외의 자에게 공동주택의 주차장을 개방하는 경우

    1) 입주자등 중 주차장의 개방에 동의하는 비율

    2) 개방할 수 있는 주차대수 및 위치

    3) 주차장의 개방시간

    4) 그 밖에 주차장의 적정한 개방을 위하여 필요한 사항

  다. 삭제 〈2017.8.16〉

  라. 삭제 〈2017.8.16〉

28. 경비원 등 근로자에 대한 괴롭힘의 금지 및 발생 시 조치에 관한 사항

29. 그 밖에 공동주택의 관리에 필요한 사항

② 입주자등은 다음 각 호의 어느 하나에 해당하는 행위를 하려는 경우에는 관리주체의 동의를 받아야 한다. 〈개정 2017. 1. 10., 2018. 11. 20.〉

1. 법 제35조제1항제3호에 따른 경미한 행위로서 주택내부의 구조물과 설비를 교체하는 행위

2. 「화재예방, 소방시설 설치·유지 및 안전관리에 관한 법률」 제10조제1항에 위배되지 아니하는 범위에서 공용부분에 물건을 적재하여 통행·피난 및 소방을 방해하는 행위

3. 공동주택에 광고물·표지물 또는 표지를 부착하는 행위

4. 가축(장애인 보조견은 제외한다)을 사육하거나 방송시설 등을 사용함으로써 공동주거생활에 피해를 미치는 행위

5. 공동주택의 발코니 난간 또는 외벽에 돌출물을 설치하는 행위

6. 전기실·기계실·정화조시설 등에 출입하는 행위

7. 「환경친화적 자동차의 개발 및 보급 촉진에 관한 법률」 제2조제3호에 따른 전기자동차의 이동형 충전기를 이용하기 위한 차량무선인식장치[전자태그(RFID tag)를 말한다]를 콘센트 주위에 부착하는 행위

③ 제2항제5호에도 불구하고 「주택건설기준 등에 관한 규정」 제37조제5항 본문에 따라 세대 안에 냉방설비의 배기장치를 설치할 수 있는 공간이 마련된 공동주택의 경우 입주자등은 냉방설비의 배기장치를 설치하기 위하여 돌출물을 설치하는 행위를 하여서는 아니 된다.

〈개정 2016. 10. 25.〉

제20조(관리규약의 제정 등)

① 사업주체는 입주예정자와 관리계약을 체결할 때 관리규약 제정안을 제안해야 한다. 다만, 제29조의3에 따라 사업주체가 입주자대표회의가 구성되기 전에 같은 조 제1항 각 호의 시설

의 임대계약을 체결하려는 경우에는 입주개시일 3개월 전부터 관리규약 제정안을 제안할 수 있다. 〈신설 2017. 8. 16., 2021. 1. 5.〉

② 법 제18조제2항에 따른 공동주택 분양 후 최초의 관리규약은 제1항에 따라 사업주체가 제안한 내용을 해당 입주 예정자의 과반수가 서면으로 동의하는 방법으로 결정한다.

〈개정 2017. 8. 16.〉

③ 제2항의 경우 사업주체는 해당 공동주택단지의 인터넷 홈페이지(인터넷 홈페이지가 없는 경우에는 인터넷 포털 을 통해 관리주체가 운영·통제하는 유사한 기능의 웹사이트 또는 관리사무소의 게시판을 말한다. 이하 같다)에 제 안내용을 공고하고 입주예정자에게 개별 통지해야 한다.

〈개정 2017. 8. 16., 2019. 10. 22.〉

④ 법 제10조의2제1항에 따른 의무관리대상 전환 공동주택의 관리규약 제정안은 의무관리대상 전환 공동주택의 관 리인이 제안하고, 그 내용을 전체 입주자등 과반수의 서면동의로 결정한다. 이 경우 관리규약 제정안을 제안하는 관 리인은 제3항의 방법에 따라 공고·통지해야 한다. 〈신설 2020. 4. 24.〉

⑤ 법 제18조제3항에 따라 관리규약을 개정하려는 경우에는 다음 각 호의 사항을 기재한 개정안을 제3항의 방법에 따른 공고·통지를 거쳐 제3조 각 호의 방법으로 결정한다.

〈개정 2017. 8. 16., 2020. 4. 24.〉

1. 개정 목적
2. 종전의 관리규약과 달라진 내용 3. 관리규약준칙과 달라진 내용

⑥ 공동주택의 관리주체는 관리규약을 보관하여 입주자등이 열람을 청구하거나 자기의 비용으로 복사를 요구하면 응하여야 한다. 〈개정 2017. 8. 16., 2020. 4. 24.〉

제21조(관리규약의 제정 및 개정 등 신고)

법 제19조제1항에 따른 신고를 하려는 입주자대표회의의 회장(관리규약 제 정의 경우에는 사업주체 또는 의무관리대상 전환 공동주택의 관리인을 말한다)은 관리규약이 제정·개정되거나 입주자대표회의가 구성·변경된 날부터 30일 이내에 신고서를 시장·군수·구청장에게 제출해야 한다. 〈개정 2020. 4. 24., 2021. 10. 19.〉

제22조(전자적 방법을 통한 입주자등의 의사결정)

① 입주자등은 법 제22조에 따라 전자적 방법으로 의결권을 행사(이 하 "전자투표"라 한다)하는 경우에는 다음 각 호의 어느 하나에 해당하는 방법으로 본인확인을 거쳐야 한다.

1. 휴대전화를 통한 본인인증 등 「정보통신망 이용촉진 및 정보보호 등에 관한 법률」 제23
조의3에 따른 본인확인기 관에서 제공하는 본인확인의 방법

2. 「전자서명법」 제2조제2호에 따른 전자서명 또는 같은 법 제2조제6호에 따른 인증서를
통한 본인확인의 방법

3. 그 밖에 관리규약에서 「전자문서 및 전자거래 기본법」 제2조제1호에 따른 전자문서를
제출하는 등 본인확인 절 차를 정하는 경우에는 그에 따른 본인확인의 방법

② 관리주체, 입주자대표회의, 의무관리대상 전환 공동주택의 관리인 또는 선거관리위원회는
제1항에 따라 전자투 표를 실시하려는 경우에는 다음 각 호의 사항을 입주자등에게 미리 알
려야 한다. 〈개정 2020. 4. 24.〉

1. 전자투표를 하는 방법

2. 전자투표 기간

3. 그 밖에 전자투표의 실시에 필요한 기술적인 사항

제4장 관리비 및 회계운영

제23조(관리비 등)

① 법 제23조에 따른 관리비는 다음 각 호의 비목의 월별 금액의 합계액으로 하며, 비목별 세부
명세 는 별표 2와 같다.

1. 일반관리비

2. 청소비

3. 경비비

4. 소독비

5. 승강기유지비

6. 지능형 홈네트워크 설비 유지비

7. 난방비(「주택건설기준 등에 관한 규정」 제37조에 따라 난방열량을 계량하는 계량기 등
이 설치된 공동주택의 경 우에는 그 계량에 따라 산정한 난방비를 말한다)

8. 급탕비

9. 수선유지비(냉방 · 난방시설의 청소비를 포함한다) 10. 위탁관리수수료

② 관리주체는 다음 각 호의 비용에 대해서는 제1항에 따른 관리비와 구분하여 징수하여야 한

다.

1. 장기수선충당금

2. 제40조제2항 단서에 따른 안전진단 실시비용

③ 법 제23조제3항에서 "대통령령으로 정하는 사용료 등"이란 다음 각 호의 사용료 등을 말한다.

1. 전기료(공동으로 사용하는 시설의 전기료를 포함한다)

2. 수도료(공동으로 사용하는 수도료를 포함한다)

3. 가스사용료

4. 지역난방 방식인 공동주택의 난방비와 급탕비

5. 정화조오물수수료

6. 생활폐기물수수료

7. 공동주택단지 안의 건물 전체를 대상으로 하는 보험료

8. 입주자대표회의 운영경비

9. 선거관리위원회 운영경비

④ 관리주체는 주민공동시설, 인양기 등 공용시설물의 이용료를 해당 시설의 이용자에게 따로 부과할 수 있다. 이 경우 제29조에 따라 주민공동시설의 운영을 위탁한 경우의 주민공동시설 이용료는 주민공동시설의 위탁에 따른 수 수료 및 주민공동시설 관리비용 등의 범위에서 정하여 부과 · 징수하여야 한다. 〈개정 2017. 1. 10.〉

⑤ 관리주체는 보수가 필요한 시설[누수(漏水)되는 시설을 포함한다]이 2세대 이상의 공동사용에 제공되는 것인 경 우에는 직접 보수하고 해당 입주자등에게 그 비용을 따로 부과할 수 있다.

⑥ 관리주체는 제1항부터 제5항까지의 규정에 따른 관리비 등을 통합하여 부과하는 때에는 그 수입 및 집행세부내 용을 쉽게 알 수 있도록 정리하여 입주자등에게 알려주어야 한다.

⑦ 관리주체는 제1항부터 제5항까지의 규정에 따른 관리비 등을 다음 각 호의 금융기관 중 입주자대표회의가 지정 하는 금융기관에 예치하여 관리하되, 장기수선충당금은 별도의 계좌로 예치 · 관리하여야 한다. 이 경우 계좌는 법 제64조제5항에 따른 관리사무소장의 직인 외에 입주자대표회의의 회장 인감을 복수로 등록할 수 있다.

1. 「은행법」에 따른 은행

2. 「중소기업은행법」에 따른 중소기업은행

3. 「상호저축은행법」에 따른 상호저축은행

4. 「보험업법」에 따른 보험회사

5. 그 밖의 법률에 따라 금융업무를 하는 기관으로서 국토교통부령으로 정하는 기관

⑧ 제1항부터 제5항까지의 규정에 따른 관리비 등을 입주자등에게 부과한 관리주체는 법 제23조제4항에 따라 그 명세(제1항제7호·제8호 및 제3항제1호부터 제4호까지는 사용량을, 장기수선충당금은 그 적립요율 및 사용한 금액 을 각각 포함한다)를 다음 달 말일까지 해당 공동주택단지의 인터넷 홈페이지 및 동별 게시판(통로별 게시판이 설 치된 경우에는 이를 포함한다. 이하 같다)과 법 제88조제1항에 따른 공동주택관리정보시스템(이하 "공동주택관리정보시스템"이라 한다)에 공개해야 한다. 잡수입(재활용품의 매각 수입, 복리시설의 이용료 등 공동주택을 관리하면서 부수적으로 발생하는 수입을 말한다. 이하 같다)의 경우에도 동일한 방법으로 공개해야 한다. 〈개정 2019. 10. 22.〉

⑨ 법 제23조제5항 전단에서 "대통령령으로 정하는 세대 수"란 100세대(주택 외의 시설과 주택을 동일 건축물로 건 축한 건축물의 경우 주택을 기준으로 한다)를 말한다. 〈신설 2019. 10. 22.〉

⑩ 법 제23조제5항 전단에 따른 공동주택의 관리인은 다음 각 호의 관리비 등을 제8항의 방법(공동주택관리정보시 스템은 제외한다)에 따라 다음 달 말일까지 공개해야 한다.

〈신설 2019. 10. 22.〉

1. 제23조제1항제1호부터 제10호까지의 비목별 월별 합계액
2. 장기수선충당금 3. 제23조제3항제1호부터 제9호까지의 각각의 사용료 4. 잡수입

제24조(관리비예치금의 징수)

사업주체는 법 제11조제1항에 따라 입주예정자의 과반수가 입주할 때까지 공동주택을 직접 관리하는 경우에는 입주예정자와 관리계약을 체결하여야 하며, 그 관리계약에 따라 법 제24조제1항에 따른 관 리비예치금을 징수할 수 있다.

제25조(관리비등의 집행을 위한 사업자 선정)

① 법 제25조에 따라 관리주체 또는 입주자대표회의는 다음 각 호의 구분 에 따라 사업자를 선정(계약의 체결을 포함한다. 이하 이 조에서 같다)하고 집행해야 한다.

〈개정 2017. 1. 10., 2021. 1. 5., 2021. 3. 30.〉

1. 관리주체가 사업자를 선정하고 집행하는 다음 각 목의 사항

가. 청소, 경비, 소독, 승강기유지, 지능형 홈네트워크, 수선·유지(냉방·난방시설의 청소를 포함한다)를 위한 용 역 및 공사

나. 주민공동시설의 위탁, 물품의 구입과 매각, 잡수입의 취득(제29조의3제1항 각 호의 시설의 임대에 따른 잡수 입의 취득은 제외한다), 보험계약 등 국토교통부장관이 정하여

고시하는 사항

2. 입주자대표회의가 사업자를 선정하고 집행하는 다음 각 목의 사항

　가. 법 제38조제1항에 따른 하자보수보증금을 사용하여 보수하는 공사

　나. 사업주체로부터 지급받은 공동주택 공용부분의 하자보수비용 을 사용하여 보수하는 공사

3. 입주자대표회의가 사업자를 선정하고 관리주체가 집행하는 다음 각 목의 사항

　가. 장기수선충당금을 사용하는 공사

　나. 전기안전관리(「전기안전관리법」 제22조제2항 및 제3항에 따라 전기설비의 안전관리에 관한 업무를 위탁 또 는 대행하게 하는 경우를 말한다)를 위한 용역

② 법 제25조제1호에 따른 전자입찰방식에 대해서는 제5조제1항을 준용한다.

③ 법 제25조제2호에서 "입찰의 방법 등 대통령령으로 정하는 방식"이란 다음 각 호에 따른 방식을 말한다.　　　　　　　　　　　　　　　　　　　　〈개정 2017. 8. 16.〉

1. 국토교통부장관이 정하여 고시하는 경우 외에는 경쟁입찰로 할 것. 이 경우 다음 각 목의 사항은 국토교통부장관 이 정하여 고시한다.

　가. 입찰의 절차

　나. 입찰 참가자격

　다. 입찰의 효력

　라. 그 밖에 사업자의 적정한 선정을 위하여 필요한 사항

2. 입주자대표회의의 감사가 입찰과정 참관을 원하는 경우에는 참관할 수 있도록 할 것

④ 입주자등은 기존 사업자(용역 사업자만 해당한다. 이하 이 항에서 같다)의 서비스가 만족스럽지 못한 경우에는 전체 입주자등의 과반수의 서면동의로 새로운 사업자의 선정을 위한 입찰에서 기존 사업자의 참가를 제한하도록 관리주체 또는 입주자대표회의에 요구할 수 있다. 이 경우 관리주체 또는 입주자대표회의는 그 요구에 따라야 한다.

제26조(관리비등의 사업계획 및 예산안 수립 등)

① 의무관리대상 공동주택의 관리주체는 다음 회계연도에 관한 관리 비등의 사업계획 및 예산안을 매 회계연도 개시 1개월 전까지 입주자대표회의에 제출하여 승인을 받아야 하며, 승인사항에 변경이 있는 때에는 변경승인을 받아야 한다.

② 제10조제1항에 따라 사업주체 또는 의무관리대상 전환 공동주택의 관리인으로부터 공동주택의 관리업무를 인 계받은 관리주체는 지체 없이 다음 회계연도가 시작되기 전까지의 기간에 대한 사업계획 및 예산안을 수립하여 입 주자대표회의의 승인을 받아야 한다. 다만, 다음

회계연도가 시작되기 전까지의 기간이 3개월 미만인 경우로서 입주자대표회의 의결이 있는 경우에는 생략할 수 있다. 〈개정 2020. 4. 24.〉

③ 의무관리대상 공동주택의 관리주체는 회계연도마다 사업실적서 및 결산서를 작성하여 회계연도 종료 후 2개월 이내에 입주자대표회의에 제출하여야 한다.

제27조(관리주체에 대한 회계감사 등)

① 법 제26조제1항 또는 제2항에 따라 회계감사를 받아야 하는 공동주택의 관리 주체는 매 회계연도 종료 후 9개월 이내에 다음 각 호의 재무제표에 대하여 회계감사를 받아야 한다.

1. 재무상태표

2. 운영성과표

3. 이익잉여금처분계산서(또는 결손금처리계산서)

4. 주석(註釋)

② 제1항의 재무제표를 작성하는 회계처리기준은 국토교통부장관이 정하여 고시한다.

③ 국토교통부장관은 제2항에 따른 회계처리기준의 제정 또는 개정의 업무를 외부 전문기관에 위탁할 수 있다.

④ 제1항에 따른 회계감사는 공동주택 회계의 특수성을 고려하여 제정된 회계감사기준에 따라 실시되어야 한다. 〈개정 2021. 1. 5.〉

⑤ 제4항에 따른 회계감사기준은 「공인회계사법」 제41조에 따른 한국공인회계사회가 정하되, 국토교통부장관의 승인을 받아야 한다.

⑥ 감사인은 제1항에 따라 관리주체가 회계감사를 받은 날부터 1개월 이내에 관리주체에게 감사보고서를 제출하여야 한다.

⑦ 입주자대표회의는 법 제26조제1항에 따른 감사인에게 감사보고서에 대한 설명을 하여 줄 것을 요청할 수 있다.

⑧ 공동주택 회계감사의 원활한 운영 등을 위하여 필요한 사항은 국토교통부령으로 정한다.

제28조(열람대상 정보의 범위)

① 법 제27조제3항 각 호 외의 부분 본문에서 "대통령령으로 정하는 정보"란 제26조에 따른 관리비등의 사업계획, 예산안, 사업실적서 및 결산서를 말한다. 〈개정 2022. 2. 11.〉

② 관리주체는 다음 각 호의 사항을 그 공동주택단지의 인터넷 홈페이지에 공개하거나 입주자 등에게 개별 통지하여야 한다. 다만, 입주자등의 세대별 사용명세 및 연체자의 동ㆍ호수 등 기본권 침해의 우려가 있는 것은 공개하지 아니한다.

1. 입주자대표회의의 소집 및 그 회의에서 의결한 사항
2. 관리비등의 부과명세(제23조제1항부터 제4항까지의 관리비, 사용료 및 이용료 등에 대한 항목별 산출명세를 말 한다) 및 연체 내용
3. 관리규약 및 장기수선계획 · 안전관리계획의 현황
4. 입주자등의 건의사항에 대한 조치결과 등 주요업무의 추진상황
5. 동별 대표자의 선출 및 입주자대표회의의 구성원에 관한 사항
6. 관리주체 및 공동주택관리기구의 조직에 관한 사항

제29조(주민공동시설의 위탁 운영)

① 관리주체는 입주자등의 이용을 방해하지 아니하는 한도에서 주민공동시설을 관 리주체가 아닌 자에게 위탁하여 운영할 수 있다.　　　　　　　　　　〈개정 2017. 1. 10.〉

② 관리주체는 제1항에 따라 주민공동시설을 위탁하려면 다음 각 호의 구분에 따른 절차를 거쳐야 한다. 관리주체 가 위탁 여부를 변경하는 경우에도 또한 같다.　　　　〈개정 2017. 1. 10.〉

1. 「주택법」 제15조에 따른 사업계획승인을 받아 건설한 공동주택 중 건설임대주택을 제외한 공동주택의 경우에는 다음 각 목의 어느 하나에 해당하는 방법으로 제안하고 입주자 등 과반수의 동의를 받을 것
   가. 입주자대표회의의 의결
   나. 입주자등 10분의 1 이상의 요청
2. 「주택법」 제15조에 따른 사업계획승인을 받아 건설한 건설임대주택의 경우에는 다음 각 목의 어느 하나에 해당 하는 방법으로 제안하고 임차인 과반수의 동의를 받을 것
   가. 임대사업자의 요청
   나. 임차인 10분의 1 이상의 요청
3. 「건축법」 제11조에 따른 건축허가를 받아 주택 외의 시설과 주택을 동일건축물로 건축한 건축물의 경우에는 다 음 각 목의 어느 하나에 해당하는 방법으로 제안하고 입주자등 과반수의 동의를 받을 것
   가. 입주자대표회의의 의결
   나. 입주자등 10분의 1 이상의 요청 [제목개정 2017. 1. 10.]

제29조의2(인근 공동주택단지 입주자등의 주민공동시설 이용의 허용)

① 관리주체는 입주자등의 이용을 방해하지 아 니하는 한도에서 주민공동시설을 인근 공동주택단지 입주자등도 이용할 수 있도록 허용할 수 있다. 이 경우 영리를 목적으로 주민공동시

설을 운영해서는 아니 된다.

② 관리주체가 제1항에 따라 주민공동시설을 인근 공동주택단지 입주자등도 이용할 수 있도록 허용하려면 다음 각 호의 구분에 따른 절차를 거쳐야 한다. 관리주체가 허용 여부를 변경하는 경우에도 또한 같다.

1. 「주택법」 제15조에 따른 사업계획승인을 받아 건설한 공동주택 중 건설임대주택을 제외한 공동주택의 경우에는 다음 각 목의 어느 하나에 해당하는 방법으로 제안하고 과반의 범위에서 관리규약으로 정하는 비율 이상의 입주 자등의 동의를 받을 것

  가. 입주자대표회의의 의결

  나. 입주자등 10분의 1 이상의 요청

2. 「주택법」 제15조에 따른 사업계획승인을 받아 건설한 건설임대주택의 경우에는 다음 각 목의 어느 하나에 해당 하는 방법으로 제안하고 과반의 범위에서 관리규약으로 정하는 비율 이상의 임차인의 동의를 받을 것

  가. 임대사업자의 요청

  나. 임차인 10분의 1 이상의 요청

3. 「건축법」 제11조에 따른 건축허가를 받아 주택 외의 시설과 주택을 동일건축물로 건축한 건축물의 경우에는 다 음 각 목의 어느 하나에 해당하는 방법으로 제안하고 과반의 범위에서 관리규약으로 정하는 비율 이상의 입주자 등의 동의를 받을 것

  가. 입주자대표회의의 의결

  나. 입주자등 10분의 1 이상의 요청 [본조신설 2017. 1. 10.]

제29조의3(사업주체의 어린이집 등의 임대계약 체결)

① 시장·군수·구청장은 입주자대표회의가 구성되기 전에 다음 각 호의 주민공동시설의 임대계약 체결이 필요하다고 인정하는 경우에는 사업주체로 하여금 입주예정자 과반수의 서면 동의를 받아 해당 시설의 임대계약을 체결하도록 할 수 있다.　　　　　〈개정 2021. 1. 5.〉

1. 「영유아보육법」 제10조에 따른 어린이집

2. 「아동복지법」 제44조의2에 따른 다함께돌봄센터

3. 「아이돌봄 지원법」 제19조에 따른 공동육아나눔터

② 사업주체는 제1항에 따라 임대계약을 체결하려는 경우에는 해당 공동주택단지의 인터넷 홈페이지에 관련 내용 을 공고하고 입주예정자에게 개별 통지해야 한다.　　　〈개정 2021. 1. 5.〉

③ 사업주체는 제1항에 따라 임대계약을 체결하려는 경우에는 관리규약 및 관련 법령의 규정에 따라야 한다. 이 경 우 어린이집은 관리규약 중 제19조제1항제21호다목의 사항은 적용하지

않는다. 〈개정 2021. 1. 5.〉

[본조신설 2017. 8. 16.] [제목개정 2021. 1. 5.]

제5장 시설관리 및 행위허가

제30조(장기수선계획의 수립)

법 제29조제1항에 따라 장기수선계획을 수립하는 자는 국토교통부령으로 정하는 기준에 따라 장기수선계획을 수립하여야 한다. 이 경우 해당 공동주택의 건설비용을 고려하여야 한다.

제31조(장기수선충당금의 적립 등)

① 법 제30조제4항에 따라 장기수선충당금의 요율은 해당 공동주택의 공용부분의 내구연한 등을 고려하여 관리규약으로 정한다. 〈개정 2021. 1. 5.〉

② 제1항에도 불구하고 건설임대주택을 분양전환한 이후 관리업무를 인계하기 전까지의 장기수선충당금 요율은 「민간임대주택에 관한 특별법 시행령」 제43조제3항 또는 「공공주택 특별법 시행령」 제57조제4항에 따른 특별수선 충당금 적립요율에 따른다.

③ 장기수선충당금은 다음의 계산식에 따라 산정한다. 월간 세대별 장기수선충당금 = [장기수선계획기간 중의 수선비총액 ÷ (총공급면적 × 12 × 계획기간(년))] × 세대당 주택공급면적 〈신설 2021. 10. 19.〉

④ 기수선충당금의 적립금액은 장기수선계획으로 정한다. 이 경우 국토교통부장관이 주요시설의 계획적인 교체 및 보수를 위하여 최소 적립금액의 기준을 정하여 고시하는 경우에는 그에 맞아야 한다. 〈개정 2021. 10. 19.〉

⑤ 법 제30조제4항에 따라 장기수선충당금은 관리주체가 다음 각 호의 사항이 포함된 장기수선충당금 사용계획서를 장기수선계획에 따라 작성하고 입주자대표회의의 의결을 거쳐 사용한다. 〈개정 2021. 10. 19.〉

1. 수선공사(공동주택 공용부분의 보수·교체 및 개량을 말한다. 이하 이 조에서 같다)의 명칭과 공사내용

2. 수선공사 대상 시설의 위치 및 부위

3. 수선공사의 설계도면 등

4. 공사기간 및 공사방법

5. 수선공사의 범위 및 예정공사금액

6. 공사발주 방법 및 절차 등

⑥ 장기수선충당금은 해당 공동주택에 대한 다음 각 호의 구분에 따른 날부터 1년이 경과한 날이 속하는 달부터 매 달 적립한다. 다만, 건설임대주택에서 분양전환된 공동주택의 경우에는 제10조제5항에 따라 임대사업자가 관리주 체에게 공동주택의 관리업무를 인계한 날이 속하는 달부터 적립한다. 〈개정 2021. 10. 19.〉

1. 「주택법」 제49조에 따른 사용검사(공동주택단지 안의 공동주택 전부에 대하여 같은 조에 따른 임시 사용승인을 받은 경우에는 임시 사용승인을 말한다)를 받은 날

2. 「건축법」 제22조에 따른 사용승인(공동주택단지 안의 공동주택 전부에 대하여 같은 조에 따른 임시 사용승인을 받은 경우에는 임시 사용승인을 말한다)을 받은 날

⑦ 공동주택 중 분양되지 아니한 세대의 장기수선충당금은 사업주체가 부담한다.
〈개정 2021. 10. 19.〉

⑧ 공동주택의 소유자는 장기수선충당금을 사용자가 대신하여 납부한 경우에는 그 금액을 반환하여야 한다. 〈개정 2021. 10. 19.〉

⑨ 관리주체는 공동주택의 사용자가 장기수선충당금의 납부 확인을 요구하는 경우에는 지체 없이 확인서를 발급해 주어야 한다. 〈개정 2021. 10. 19.〉

제32조(설계도서의 보관 등)

① 법 제31조에 따라 의무관리대상 공동주택의 관리주체는 국토교통부령으로 정하는 서류 를 기록 · 보관 · 유지하여야 한다.

② 법 제31조에 따라 의무관리대상 공동주택의 관리주체는 공용부분에 관한 시설의 교체, 유지보수 및 하자보수 등 을 한 경우에는 그 실적을 시설별로 이력관리하여야 하며, 공동주택관리정보시스템에도 등록하여야 한다.

제33조(시설물의 안전관리계획)

① 법 제32조제1항에 따라 의무관리대상 공동주택의 관리주체는 다음 각 호의 시설에 관한 안전관리계획을 수립하여야 한다.

1. 고압가스 · 액화석유가스 및 도시가스시설

2. 중앙집중식 난방시설

3. 발전 및 변전시설 4. 위험물 저장시설

5. 소방시설

6. 승강기 및 인양기

7. 연탄가스배출기(세대별로 설치된 것은 제외한다)

8. 그 밖에 국토교통부령으로 정하는 시설

② 제1항에 따른 안전관리계획에는 다음 각 호의 사항이 포함되어야 한다.

1. 시설별 안전관리자 및 안전관리책임자에 의한 책임점검사항

2. 국토교통부령으로 정하는 시설의 안전관리에 관한 기준 및 진단사항

3. 제1호 및 제2호의 점검 및 진단결과 위해의 우려가 있는 시설에 대한 이용제한 또는 보수 등 필요한 조치사항

4. 수립된 안전관리계획의 조정에 관한 사항

5. 그 밖에 시설안전관리에 필요한 사항

제34조(공동주택의 안전점검)

① 법 제33조제1항에 따른 안전점검은 반기마다 하여야 한다.

② 법 제33조제1항 단서에서 "대통령령으로 정하는 15층 이하의 공동주택"이란 15층 이하의 공동주택으로서 다음 각 호의 어느 하나에 해당하는 것을 말한다.

1. 사용검사일부터 30년이 경과한 공동주택

2. 「재난 및 안전관리 기본법 시행령」 제34조의2제1항에 따른 안전등급이 C등급, D등급 또는 E등급에 해당하는 공 동주택

③ 법 제33조제1항 단서에서 "대통령령으로 정하는 자"란 다음 각 호의 어느 하나에 해당하는 자를 말한다. 〈개정 2018. 1. 16.〉

1. 「시설물의 안전 및 유지관리에 관한 특별법 시행령」 제9조에 따른 책임기술자로서 해당 공동주택단지의 관리직 원인 자

2. 주택관리사등이 된 후 국토교통부령으로 정하는 교육기관에서 「시설물의 안전관리에 관한 특별법 시행령」 제 7조에 따른 안전점검교육을 이수한 자 중 관리사무소장으로 배치된 자 또는 해당 공동주택단지의 관리직원인 자

3. 「시설물의 안전 및 유지관리에 관한 특별법」 제28조에 따라 등록한 안전진단전문기관

4. 「건설산업기본법」 제9조에 따라 국토교통부장관에게 등록한 유지관리업자

④ 제3항제2호의 안전점검교육을 실시한 기관은 지체 없이 그 교육 이수자 명단을 법 제81조제1항에 따른 주택관 리사단체에 통보하여야 한다.

⑤ 법 제33조제2항에 따라 관리주체는 안전점검의 결과 건축물의 구조ㆍ설비의 안전도가 매우 낮아 위해 발생의 우려가 있는 경우에는 다음 각 호의 사항을 시장ㆍ군수ㆍ구청장에게 보고하고, 그 보고내용에 따른 조치를 취하여 야 한다. 1. 점검대상 구조ㆍ설비 2. 취약의 정도 3.

발생 가능한 위해의 내용 4. 조치할 사항

⑥ 시장·군수·구청장은 제5항에 따른 보고를 받은 공동주택에 대해서는 국토교통부령으로 정하는 바에 따라 관리하여야 한다.

제35조(행위허가 등의 기준 등)

① 법 제35조제1항 각 호의 행위에 대한 허가 또는 신고의 기준은 별표 3과 같다.

② 법 제35조제1항제4호에서 "대통령령으로 정하는 행위"란 다음 각 호의 행위를 말한다.

〈개정 2018. 11. 20.〉

1. 공동주택의 용도폐지

2. 공동주택의 재축·증설 및 비내력벽의 철거(입주자 공유가 아닌 복리시설의 비내력벽 철거는 제외한다)

③ 법 제35조제1항에 따라 허가를 받거나 신고를 하려는 자는 허가신청서 또는 신고서에 국토교통부령으로 정하는 서류를 첨부하여 시장·군수·구청장에게 제출하여야 한다.

④ 공동주택의 지하층은 주민공동시설로 활용할 수 있다. 이 경우 관리주체는 대피시설로 사용하는 데 지장이 없도록 이를 유지·관리하여야 한다. 〈개정 2017. 1. 10.〉

제6장 하자담보책임 및 하자분쟁조정

제1절 하자담보책임 및 하자보수

제36조(담보책임기간)

① 법 제36조제3항에 따른 공동주택의 내력구조부별 및 시설공사별 담보책임기간(이하 "담보책임기간"이라 한다)은 다음 각 호와 같다. 〈개정 2017. 9. 29.〉

1. 내력구조부별(「건축법」 제2조제1항제7호에 따른 건물의 주요구조부를 말한다. 이하 같다) 하자에 대한 담보책임 기간: 10년

2. 시설공사별 하자에 대한 담보책임기간: 별표 4에 따른 기간

② 사업주체(「건축법」 제11조에 따른 건축허가를 받아 분양을 목적으로 하는 공동주택을 건축한 건축주를 포함한다. 이하 이 조에서 같다)는 해당 공동주택의 전유부분을 입주자에게 인도한 때에는 국토교통부령으로 정하는 바에 따라 주택인도증서를 작성하여 관리주체(의무관리대상 공동주택이 아닌 경우에는 「집합건물의 소유 및 관리에 관한 법률」에 따른 관

리인을 말한다. 이하 이 조에서 같다)에게 인계하여야 한다. 이 경우 관리주체는 30일 이내에 공동주택관리정보시스템에 전유부분의 인도일을 공개하여야 한다.

③ 사업주체가 해당 공동주택의 전유부분을 법 제36조제2항에 따른 공공임대주택(이하 "공공임대주택"이라 한다)의 임차인에게 인도한 때에는 주택인도증서를 작성하여 분양전환하기 전까지 보관하여야 한다. 이 경우 사업주체 는 주택인도증서를 작성한 날부터 30일 이내에 공동주택관리정보시스템에 전유부분의 인도일을 공개하여야 한다. 〈신설 2017. 9. 29.〉

④ 사업주체는 주택의 미분양(未分讓) 등으로 인하여 제10조제4항에 따른 인계 · 인수서에 같은 항 제5호에 따른 인 도일의 현황이 누락된 세대가 있는 경우에는 주택의 인도일부터 15일 이내에 인도일의 현황을 관리주체에게 인계 하여야 한다. 〈개정 2017. 9. 29.〉

제37조(하자의 범위)

법 제36조제4항에 따른 하자의 범위는 다음 각 호의 구분에 따른다. 〈개정 2017. 9. 29., 2021. 1. 5.〉

1. 내력구조부별 하자: 다음 각 목의 어느 하나에 해당하는 경우

   가. 공동주택 구조체의 일부 또는 전부가 붕괴된 경우

   나. 공동주택의 구조안전상 위험을 초래하거나 그 위험을 초래할 우려가 있는 정도의 균열 · 침하(沈下) 등의 결함 이 발생한 경우

2. 시설공사별 하자: 공사상의 잘못으로 인한 균열 · 처짐 · 비틀림 · 들뜸 · 침하 · 파손 · 붕괴 · 누수 · 누출 · 탈락, 작동 또는 기능불량, 부착 · 접지 또는 전선 연결 불량, 고사(枯死) 및 입상(서 있는 상태) 불량 등이 발생하여 건축 물 또는 시설물의 안전상 · 기능상 또는 미관상의 지장을 초래할 정도의 결함이 발생한 경우

제38조(하자보수 절차)

① 법 제37조제1항 각 호 외의 부분 후단에 따라 입주자대표회의등(같은 항 제1호부터 제4호까지의 어느 하나에 해당하는 자를 말한다. 이하 이 장에서 같다) 또는 임차인등(같은 항 제5호에 따른 자를 말한다. 이 하 이 장에서 같다)은 공동주택에 하자가 발생한 경우에는 담보책임기간 내에 사업주체(법 제37조제1항 각 호 외의 부분 전단에 따른 사업주체를 말한다. 이하 이 장에서 같다)에게 하자보수를 청구하여야 한다. 〈개정 2017. 9. 29.〉

② 제1항에 따른 하자보수의 청구는 다음 각 호의 구분에 따른 자가 하여야 한다. 이 경우 입주자는 전유부분에 대 한 청구를 제2호나목에 따른 관리주체가 대행하도록 할 수 있으며, 공용부분에 대한 하자보수의 청구를 제2호 각 목의 어느 하나에 해당하는 자에게 요청할 수 있다. 〈개정 2017. 9. 29.〉

1. 전유부분: 입주자 또는 공공임대주택의 임차인

2. 공용부분: 다음 각 목의 어느 하나에 해당하는 자

　가. 입주자대표회의 또는 공공임대주택의 임차인대표회의

　나. 관리주체(하자보수청구 등에 관하여 입주자 또는 입주자대표회의를 대행하는 관리주체를 말한다)

　다. 「집합건물의 소유 및 관리에 관한 법률」에 따른 관리단

③ 사업주체는 제1항에 따라 하자보수를 청구받은 날(법 제48조제1항 후단에 따라 하자진단결과를 통보받은 때에 는 그 통보받은 날을 말한다)부터 15일 이내에 그 하자를 보수하거나 다음 각 호의 사항을 명시한 하자보수계획(이 하 "하자보수계획"이라 한다)을 입주자대표회의 등 또는 임차인등에 서면(「전자문서 및 전자거래 기본법」 제2조제 1호에 따른 정보처리시스템을 사용한 전자문서를 포함한다. 이하 이 장에서 같다)으로 통보하고 그 계획에 따라 하자를 보수하여야 한다. 다만, 하자가 아니라고 판단되는 사항에 대해서는 그 이유를 서면으로 통보하여야 한다.　　　　　　　　　　　　　　　〈개정 2017. 9. 29.〉

1. 하자부위, 보수방법 및 보수에 필요한 상당한 기간(동일한 하자가 2세대 이상에서 발생한 경우 세대별 보수 일정 을 포함한다)

2. 담당자 성명 및 연락처 3. 그 밖에 보수에 필요한 사항

④ 제3항에 따라 하자보수를 실시한 사업주체는 하자보수가 완료되면 즉시 그 보수결과를 하자보수를 청구한 입주 자대표회의등 또는 임차인등에 통보하여야 한다. 〈개정 2017. 9. 29.〉

제39조(담보책임의 종료)

① 사업주체는 담보책임기간이 만료되기 30일 전까지 그 만료 예정일을 해당 공동주택의 입 주자대표회의(의무관리대상 공동주택이 아닌 경우에는 「집합건물의 소유 및 관리에 관한 법률」에 따른 관리단을 말 한다. 이하 이 장에서 같다) 또는 해당 공공임대주택의 임차인대표회의에 서면으로 통보하여야 한다. 이 경우 사업주 체는 다음 각 호의 사항을 함께 알려야 한다.　　　　　　　〈개정 2017. 9. 29.〉

1. 제38조에 따라 입주자대표회의등 또는 임차인등이 하자보수를 청구한 경우에는 하자보수를 완료한 내용

2. 담보책임기간 내에 하자보수를 신청하지 아니하면 하자보수를 청구할 수 있는 권리가 없어진다는 사실

② 제1항에 따른 통보를 받은 입주자대표회의 또는 공공임대주택의 임차인대표회의는 다음 각 호의 구분에 따른 조 치를 하여야 한다.　　　　　　　　　　　〈개정 2017. 9. 29.〉

1. 전유부분에 대한 조치: 담보책임기간이 만료되는 날까지 하자보수를 청구하도록 입주자 또는 공공임대주택의 임 차인에게 개별통지하고 공동주택단지 안의 잘 보이는 게시판에 20일 이상 게시

2. 공용부분에 대한 조치: 담보책임기간이 만료되는 날까지 하자보수 청구

③ 사업주체는 제2항에 따라 하자보수 청구를 받은 사항에 대하여 지체 없이 보수하고 그 보수 결과를 서면으로 입 주자대표회의등 또는 임차인등에 통보해야 한다. 다만, 하자가 아니라고 판단한 사항에 대해서는 그 이유를 명확히 기재하여 서면으로 통보해야 한다.

〈개정 2017. 9. 29., 2021. 12. 9.〉

④ 제3항 본문에 따라 보수결과를 통보받은 입주자대표회의등 또는 임차인등은 통보받은 날부터 30일 이내에 이유 를 명확히 기재한 서면으로 사업주체에게 이의를 제기할 수 있다. 이 경우 사업주체는 이의제기 내용이 타당하면 지 체 없이 하자를 보수하여야 한다.

〈개정 2017. 9. 29.〉

⑤ 사업주체와 다음 각 호의 구분에 따른 자는 하자보수가 끝난 때에는 공동으로 담보책임 종료 확인서를 작성해야 한다. 이 경우 담보책임기간이 만료되기 전에 담보책임 종료확인서를 작 성해서는 안 된다.

〈개정 2020. 4. 24.〉

1. 전유부분: 입주자

2. 공용부분: 입주자대표회의의 회장(의무관리대상 공동주택이 아닌 경우에는 「집합건물의 소유 및 관리에 관한 법 률」에 따른 관리인을 말한다. 이하 이 조 및 제61조제3항제1호에 서 같다) 또는 5분의 4 이상의 입주자(입주자대표회의의 구성원 중 사용자인 동별 대표자 가 과반수인 경우만 해당한다)

⑥ 입주자대표회의의 회장은 제5항에 따라 공용부분의 담보책임 종료확인서를 작성하려면 다 음 각 호의 절차를 차 례대로 거쳐야 한다. 이 경우 전체 입주자의 5분의 1 이상이 서면으로 반대하면 입주자대표회의는 제2호에 따른 의 결을 할 수 없다.

1. 의견 청취를 위하여 입주자에게 다음 각 목의 사항을 서면으로 개별통지하고 공동주택단 지 안의 게시판에 20일 이상 게시할 것

가. 담보책임기간이 만료된 사실

나. 완료된 하자보수의 내용 다. 담보책임 종료확인에 대하여 반대의견을 제출할 수 있다 는 사실, 의견제출기간 및 의견제출서

2. 입주자대표회의 의결

⑦ 사업주체는 제5항제2호에 따라 입주자와 공용부분의 담보책임 종료확인서를 작성하려면 입 주자대표회의의 회 장에게 제6항제1호에 따른 통지 및 게시를 요청해야 하고, 전체 입주자의

5분의 4 이상과 담보책임 종료확인서를 작성한 경우에는 그 결과를 입주자대표회의등에 통보해야 한다. 〈신설 2020. 4. 24.〉

제40조(내력구조부 안전진단)

① 법 제37조제4항에 따라 시장·군수·구청장은 공동주택의 구조안전에 중대한 하자 가 있다고 인정하는 경우에는 다음 각 호의 어느 하나에 해당하는 기관 또는 단체에 해당 공동주택의 안전진단을 의 뢰할 수 있다. 〈개정 2018. 1. 16., 2020. 12. 1., 2021. 12. 9.〉

1. 「과학기술분야 정부출연연구기관 등의 설립·운영 및 육성에 관한 법률」 제8조에 따른 한국건설기술연구원(이 하 "한국건설기술연구원"이라 한다)

2. 「국토안전관리원법」 에 따른 국토안전관리원(이하 "국토안전관리원"이라 한다)

3. 「건축사법」 제31조에 따라 설립한 건축사협회

4. 「고등교육법」 제2조제1호·제2호의 대학 및 산업대학의 부설연구기관(상설기관으로 한정한다)

5. 「시설물의 안전 및 유지관리에 관한 특별법 시행령」 제23조제1항에 따른 건축 분야 안전진단전문기관(이하 "건 축 분야 안전진단전문기관"이라 한다)

② 제1항에 따른 안전진단에 드는 비용은 사업주체가 부담한다. 다만, 하자의 원인이 사업주체 외의 자에게 있는 경 우에는 그 자가 부담한다.

제41조(하자보수보증금의 예치 및 보관)

① 법 제38조제1항에 따라 사업주체(건설임대주택을 분양전환하려는 경우에 는 그 임대사업자를 말한다. 이하 이 조에서 같다)는 하자보수보증금을 은행(「은행법」 에 따른 은행을 말한다)에 현금 으로 예치하거나 다음 각 호의 어느 하나에 해당하는 자가 취급하는 보증으로서 하자보수보증금 지급을 보장하는 보증에 가입하여야 한다. 이 경우 그 예치명의 또는 가입명의는 사용검사권자(「주택법」 제49조에 따른 사용검사권 자 또는 「건축법」 제22조에 따른 사용승인권자를 말한다. 이하 같다)로 하여야 한다.

1. 「주택도시기금법」 에 따른 주택도시보증공사

2. 「건설산업기본법」 에 따른 건설 관련 공제조합

3. 「보험업법」 제4조제1항제2호라목에 따른 보증보험업을 영위하는 자

4. 제23조제7항 각 호의 금융기관

② 사업주체는 다음 각 호의 어느 하나에 해당하는 신청서를 사용검사권자에게 제출할 때에 제1항에 따른 현금 예 치증서 또는 보증서를 함께 제출하여야 한다.

1. 「주택법」 제49조에 따른 사용검사 신청서(공동주택단지 안의 공동주택 전부에 대하여 임시 사용승인을 신청하 는 경우에는 임시 사용승인 신청서)

2. 「건축법」 제22조에 따른 사용승인 신청서(공동주택단지 안의 공동주택 전부에 대하여 임시 사용승인을 신청하 는 경우에는 임시 사용승인 신청서)

3. 「민간임대주택에 관한 특별법」에 따른 양도신고서, 양도 허가신청서 또는 「공공주택 특별법」에 따른 분양전환 승인신청서, 분양전환 허가신청서, 분양전환 신고서

③ 사용검사권자는 입주자대표회의가 구성된 때에는 지체 없이 제1항에 따른 예치명의 또는 가 입명의를 해당 입주 자대표회의로 변경하고 입주자대표회의에 현금 예치증서 또는 보증서 를 인계하여야 한다.

④ 입주자대표회의는 제3항에 따라 인계받은 현금 예치증서 또는 보증서를 해당 공동주택의 관 리주체(의무관리대 상 공동주택이 아닌 경우에는 「집합건물의 소유 및 관리에 관한 법률」 에 따른 관리인을 말한다)로 하여금 보관하게 하여야 한다.

제42조(하자보수보증금의 범위)

① 법 제38조제1항에 따라 예치하여야 하는 하자보수보증금은 다음 각 호의 구분에 따 른 금액 으로 한다.

1. 「주택법」 제15조에 따른 대지조성사업계획과 주택사업계획승인을 함께 받아 대지조성 과 함께 공동주택을 건설 하는 경우: 가목의 비용에서 나목의 가격을 뺀 금액의 100분의 3 가. 사업계획승인서에 기재된 해당 공동주택의 총사업비[간접비(설계비, 감리비, 분담금, 부담금, 보상비 및 일반 분양시설경비를 말한다)는 제외한다. 이하 이 항에서 같다] 나. 해 당 공동주택을 건설하는 대지의 조성 전 가격

2. 「주택법」 제15조에 따른 주택사업계획승인만을 받아 대지조성 없이 공동주택을 건설하 는 경우: 사업계획승인서 에 기재된 해당 공동주택의 총사업비에서 대지가격을 뺀 금액의 100분의 3

3. 법 제35조제1항제2호에 따라 공동주택을 증축ㆍ개축ㆍ대수선하는 경우 또는 「주택법」 제66조에 따른 리모델링 을 하는 경우: 허가신청서 또는 신고서에 기재된 해당 공동주택 총사업비의 100분의 3

4. 「건축법」 제11조에 따른 건축허가를 받아 분양을 목적으로 공동주택을 건설하는 경우: 사용승인을 신청할 당시 의 「공공주택 특별법 시행령」 제56조제7항에 따른 공공건설임 대주택 분양전환가격의 산정기준에 따른 표준건축 비를 적용하여 산출한 건축비의 100분 의 3

② 제1항에도 불구하고 건설임대주택이 분양전환되는 경우의 하자보수보증금은 제1항제1호 또는 제2호에 따른 금 액에 건설임대주택 세대 중 분양전환을 하는 세대의 비율을 곱한 금액으로 한다.

제43조(하자보수보증금의 용도)

법 제38조제2항에서 "하자심사 · 분쟁조정위원회의 하자 여부 판정 등에 따른 하자보 수비용 등 대통령령으로 정하는 용도"란 입주자대표회의가 직접 보수하거나 제3자에게 보수하게 하는 데 필요한 용 도로서 하자보수와 관련된 다음 각 호의 용도를 말한다.   〈개정 2021. 12. 9.〉

  1. 법 제43조제2항에 따라 송달된 하자 여부 판정서(같은 조 제8항에 따른 재심의 결정서를 포함한다) 정본에 따라 하자로 판정된 시설공사 등에 대한 하자보수비용
  2. 법 제44조제3항에 따라 하자분쟁조정위원회(법 제39조제1항에 따른 하자심사 · 분쟁조정위원회를 말한다. 이하 같다)가 송달한 조정서 정본에 따른 하자보수비용
  2의2. 법 제44조의2제7항 본문에 따른 재판상 화해와 동일한 효력이 있는 재정에 따른 하자보수비용
  3. 법원의 재판 결과에 따른 하자보수비용
  4. 법 제48조제1항에 따라 실시한 하자진단의 결과에 따른 하자보수비용

제44조(하자보수보증금의 청구 및 관리)

① 입주자대표회의는 사업주체가 하자보수를 이행하지 아니하는 경우에는 하 자보수보증서 발급기관에 하자보수보증금의 지급을 청구할 수 있다. 이 경우 다음 각 호의 서류를 첨부하여야 한다.

  1. 제43조 각 호의 어느 하나에 해당하는 서류(같은 조 제3호의 경우에는 판결서를 말하며, 제4호의 경우에는 하자 진단 결과통보서를 말한다)
  2. 제47조제3항에 따른 기준을 적용하여 산출한 하자보수비용 및 그 산출명세서(제43조 각 호의 절차에서 하자보수 비용이 결정되지 아니한 경우만 해당한다)

② 제1항에 따른 청구를 받은 하자보수보증서 발급기관은 청구일부터 30일 이내에 하자보수보증금을 지급해야 한 다. 다만, 제43조제1호 및 제4호의 경우 하자보수보증서 발급기관이 청구를 받은 금액에 이의가 있으면 하자분쟁조 정위원회에 분쟁조정이나 분쟁재정을 신청한 후 그 결과에 따라 지급해야 한다.   〈개정 2021. 12. 9.〉

③ 하자보수보증서 발급기관은 제2항에 따라 하자보수보증금을 지급할 때에는 다음 각 호의 구분에 따른 금융계좌 로 이체하는 방법으로 지급하여야 하며, 입주자대표회의는 그 금융계좌

로 해당 하자보수보증금을 관리하여야 한다.

1. 의무관리대상 공동주택: 입주자대표회의의 회장의 인감과 법 제64조제5항에 따른 관리사무소장의 직인을 복수로 등록한 금융계좌

2. 의무관리대상이 아닌 공동주택: 「집합건물의 소유 및 관리에 관한 법률」에 따른 관리인의 인감을 등록한 금융계 좌(같은 법에 따른 관리위원회가 구성되어 있는 경우에는 그 위원회를 대표하는 자 1명과 관리인의 인감을 복수 로 등록한 계좌)

④ 입주자대표회의는 제3항에 따라 하자보수보증금을 지급받기 전에 미리 하자보수를 하는 사업자를 선정해서는 아니 된다.

⑤ 입주자대표회의는 하자보수보증금을 사용한 때에는 그 날부터 30일 이내에 그 사용명세를 사업주체에게 통보하 여야 한다.

제45조(하자보수보증금의 반환)

① 입주자대표회의는 사업주체가 예치한 하자보수보증금을 다음 각 호의 구분에 따라 순차적으로 사업주체에게 반환하여야 한다.

1. 다음 각 목의 구분에 따른 날(이하 이 조에서 "사용검사일"이라 한다)부터 2년이 경과된 때: 하자보수보증금의 100분의 15

　가. 「주택법」 제49조에 따른 사용검사(공동주택단지 안의 공동주택 전부에 대하여 같은 조에 따른 임시 사용승인 을 받은 경우에는 임시 사용승인을 말한다)를 받은 날

　나. 「건축법」 제22조에 따른 사용승인(공동주택단지 안의 공동주택 전부에 대하여 같은 조에 따른 임시 사용승인 을 받은 경우에는 임시 사용승인을 말한다)을 받은 날

2. 사용검사일부터 3년이 경과된 때: 하자보수보증금의 100분의 40

3. 사용검사일부터 5년이 경과된 때: 하자보수보증금의 100분의 25

4. 사용검사일부터 10년이 경과된 때: 하자보수보증금의 100분의 20

② 제1항에 따라 하자보수보증금을 반환할 경우 하자보수보증금을 사용한 경우에는 이를 포함하여 제1항 각 호의 비율을 계산하되, 이미 사용한 하자보수보증금은 반환하지 아니한다.

제45조의2(하자보수청구 서류 등의 보관 등)

① 법 제38조의2제1항에서 "하자보수청구 서류 등 대통령령으로 정하는 서류"란 다음 각 호의 서류를 말한다.

1. 하자보수청구 내용이 적힌 서류

2. 사업주체의 하자보수 내용이 적힌 서류

3. 하자보수보증금 청구 및 사용 내용이 적힌 서류

4. 하자분쟁조정위원회에 제출하거나 하자분쟁조정위원회로부터 받은 서류

5. 그 밖에 입주자 또는 입주자대표회의의 하자보수청구 대행을 위하여 관리주체가 입주자 또는 입주자대표회의로 부터 제출받은 서류

② 입주자 또는 입주자대표회의를 대행하는 관리주체(법 제2조제1항제10호가목부터 다목까지의 규정에 따른 관리 주체를 말한다. 이하 이 조 및 제45조의3에서 같다)는 법 제38조의2제1항에 따라 제1항 각 호의 서류를 문서 또는 전자문서의 형태로 보관해야 하며, 그 내용을 제53조제5항에 따른 하자관리정보시스템(이하 "하자관리정보시스템"이라 한다)에 등록해야 한다.

③ 제2항에 따른 문서 또는 전자문서와 하자관리정보시스템에 등록한 내용은 관리주체가 사업주체에게 하자보수를 청구한 날부터 10년간 보관해야 한다. [본조신설 2021. 12. 9.]

제45조의3(하자보수청구 서류 등의 제공)

① 입주자 또는 입주자대표회의를 대행하는 관리주체는 법 제38조의2제2항 에 따라 제45조의2제1항 각 호의 서류의 제공을 요구받은 경우 지체 없이 이를 열람하게 하거나 그 사본·복제물을 내주어야 한다.

② 관리주체는 제1항에 따라 서류를 제공하는 경우 그 서류제공을 요구한 자가 입주자나 입주자대표회의의 구성원 인지를 확인해야 한다.

③ 관리주체는 서류의 제공을 요구한 자에게 서류의 제공에 드는 비용을 부담하게 할 수 있다. [본조신설 2021. 12. 9.]

제2절 하자심사 · 분쟁조정 및 분쟁재정 〈개정 2021. 12. 9.〉

제46조(선정대표자)

① 법 제39조제3항에 따라 신청한 하자심사 · 분쟁조정 또는 분쟁재정(이하 "조정등"이라 한다) 사 건 중에서 여러 사람이 공동으로 조정등의 당사자가 되는 사건(이하 "단체사건"이라 한다)의 경우에는 그 중에서 3명 이하의 사람을 대표자로 선정할 수 있다. 〈개정 2021. 12. 9.〉

② 하자분쟁조정위원회는 단체사건의 당사자들에게 제1항에 따라 대표자를 선정하도록 권고할 수 있다.

③ 제1항에 따라 선정된 대표자(이하 "선정대표자"라 한다)는 법 제39조제3항에 따라 신청한 조

정 등에 관한 권한을 갖는다. 다만, 신청을 철회하거나 조정안을 수락하려는 경우에는 서면으로 다른 당사자의 동의를 받아야 한다.

④ 대표자가 선정되었을 때에는 다른 당사자들은 특별한 사유가 없는 한 그 선정대표자를 통하여 해당 사건에 관한 행위를 하여야 한다.

⑤ 대표자를 선정한 당사자들은 그 선정결과를 국토교통부령으로 정하는 바에 따라 하자분쟁조정위원회에 제출하 여야 한다. 선정대표자를 해임하거나 변경한 경우에도 또한 같다.

제47조(하자의 조사방법 및 판정기준 등)

① 법 제39조제4항에 따른 하자 여부의 조사는 현장실사 등을 통하여 하자가 주장되는 부위와 설계도서를 비교하여 측정하는 등의 방법으로 한다.

② 공동주택의 하자보수비용은 실제 하자보수에 소요되는 공사비용으로 산정하되, 하자보수에 필수적으로 수반되 는 부대비용을 추가할 수 있다.

③ 제1항 및 제2항에 따른 하자의 조사 및 보수비용 산정, 하자의 판정기준 및 하자의 발생부분 판단기준(하자 발생 부위가 전유부분인지 공용부분인지에 대한 판단기준을 말한다) 등에 필요한 세부적인 사항은 국토교통부장관이 정 하여 고시한다.

제48조(분과위원회의 구성 등)

① 하자분쟁조정위원회에는 시설공사 등에 따른 하자 여부 판정 또는 분쟁의 조정·재 정을 위하여 다음 각 호의 분과위원회를 하나 이상씩 둔다. 〈개정 2021. 12. 9.〉

　1. 하자심사분과위원회: 하자 여부 판정

　2. 분쟁조정분과위원회: 분쟁의 조정

　2의2. 분쟁재정분과위원회: 분쟁의 재정

　3. 하자재심분과위원회: 법 제43조제4항에 따른 이의신청 사건에 대한 하자 여부 판정

　4. 그 밖에 국토교통부장관이 필요하다고 인정하는 분과위원회

② 하자분쟁조정위원회의 위원장은 위원의 전문성과 경력 등을 고려하여 각 분과위원회별 위원을 지명하여야 한다.

③ 분과위원회 위원장이 부득이한 사유로 직무를 수행할 수 없을 때에는 해당 분과위원회 위원장이 해당 분과위원 중에서 미리 지명한 위원이 그 직무를 대행한다.

제49조(소위원회의 구성 등)

① 법 제40조제6항에 따라 분과위원회별로 시설공사의 종류 및 전문분야 등을 고려하여 5개 이

내의 소위원회를 둘 수 있다. 〈개정 2021. 12. 9.〉

② 소위원회 위원장이 부득이한 사유로 직무를 수행할 수 없을 때에는 해당 소위원회 위원장이 해당 소위원회 위원 중에서 미리 지명한 위원이 그 직무를 대행한다.

제50조(하자분쟁조정위원회 위원의 해촉)

법 제40조제9항제3호에서 "직무상의 의무 위반 등 대통령령으로 정하는 해 촉 사유에 해당하는 경우"란 다음 각 호의 어느 하나에 해당하는 경우를 말한다. 〈개정 2021. 12. 9.〉

1. 직무상 의무를 위반한 경우

2. 직무태만, 품위손상이나 그 밖의 사유로 위원으로 적합하지 아니하다고 인정되는 경우

3. 법 제41조제1항 각 호의 어느 하나에 해당하는 경우에도 불구하고 회피하지 아니한 경우

제50조의2(하자분쟁조정위원회 위원의 기피)

① 당사자는 법 제41조제3항에 따라 기피신청을 하려는 경우에는 기피신 청 사유와 그 사유를 입증할 수 있는 자료를 서면으로 하자분쟁조정위원회에 제출해야 한다.

② 법 제41조제3항에 따른 기피신청의 대상이 된 위원은 기피신청에 대한 의견서를 하자분쟁조정위원회에 제출할 수 있다.

③ 기피신청에 대한 하자분쟁조정위원회의 결정에 대해서는 불복신청을 하지 못한다. [본조신설 2022. 2. 11.]

제51조(위원장이 주재하는 분과위원회)

법 제42조제1항제2호 단서에서 "제43조제5항에 따른 재심의 등 대통령령으로 정하는 사항을 심의하는 경우"란 다음 각 호의 어느 하나에 해당하는 사항을 심의하는 경우를 말한다.

〈개정 2018. 9. 11.〉

1. 법 제43조제5항에 따른 재심의사건

2. 청구금액이 10억원 이상인 분쟁조정사건

3. 제48조제1항제4호에 따른 분과위원회의 안건으로서 하자분쟁조정위원회의 의사 및 운영 등에 관한 사항

제52조(소위원회 심의 · 의결대상인 단순사건)

법 제42조제4항제5호에서 "대통령령으로 정하는 단순한 사건"이란 하자 의 발견 또는 보수가 쉬운 전유부분에 관한 하자 중 별표 4에 따른 마감공사 또는 하나의 시설공사에서 발생한 하자 와

관련된 심사 및 분쟁조정 사건을 말한다. 〈개정 2021. 12. 9.〉

제53조(하자분쟁조정위원회의 회의 등)

① 하자분쟁조정위원회 위원장은 전체위원회, 분과위원회 또는 소위원회 회의 를 소집하려면 특별한 사정이 있는 경우를 제외하고는 회의 개최 3일 전까지 회의의 일시 · 장소 및 안건을 각 위원 에게 알려야 한다.

② 하자분쟁조정위원회는 조정등을 효율적으로 하기 위하여 필요하다고 인정하면 해당 사건들 을 분리하거나 병합 할 수 있다.

③ 하자분쟁조정위원회는 제2항에 따라 해당 사건들을 분리하거나 병합한 경우에는 조정등의 당사자에게 지체 없 이 그 결과를 알려야 한다.

④ 법 및 이 영에서 규정한 사항 외의 하자분쟁조정위원회의 운영 등에 필요한 사항은 국토교통 부장관이 정한다.

⑤ 국토교통부장관은 다음 각 호의 사항을 인터넷을 이용하여 처리하기 위하여 하자관리정보 시스템을 구축 · 운영 할 수 있다. 〈개정 2021. 12. 9.〉

　1. 조정등 사건의 접수 · 통지와 송달

　2. 공동주택의 하자와 관련된 민원상담과 홍보

　3. 법 제38조제4항에 따른 하자보수보증금 사용내역과 지급내역의 관리 4. 법 제43조제3항 에 따른 하자보수 결과의 통보

　5. 법 제43조제9항에 따른 시장 · 군수 · 구청장에 대한 통보

　6. 제45조의2제1항 각 호의 서류의 보관 및 관리

　7. 그 밖에 다른 법령에서 하자관리정보시스템으로 처리하도록 규정한 사항

제53조의2(당사자에 대한 회의 개최통지)

① 하자분쟁조정위원회는 회의 개최 3일 전까지 당사자에게 다음 각 호의 사 항을 통지해야 한 다. 다만, 긴급히 개최해야 하는 등 부득이한 사유가 있는 경우에는 회의 개최 전날까지 통지 할 수 있다.

　1. 회의의 일시 및 장소

　2. 회의에 참석하는 위원의 주요이력과 기피신청 절차

　3. 대리인 출석 시 위임장의 제출에 관한 사항

　4. 관련 증거자료의 제출에 관한 사항

② 하자분쟁조정위원회는 회의에 참석하는 위원이 변경된 경우에는 지체 없이 변경된 위원의

주요이력을 당사자에 게 통지해야 한다. [본조신설 2022. 2. 11.]

제54조(조정등의 각하)

① 법 제42조제6항에 따라 하자분쟁조정위원회는 분쟁의 성질상 하자분쟁조정위원회에서 조정등을 하는 것이 맞지 아니하다고 인정하거나 부정한 목적으로 신청되었다고 인정되면 그 조정등의 신청을 각하할 수 있다.

② 하자분쟁조정위원회는 조정등의 사건의 처리 절차가 진행되는 도중에 한쪽 당사자가 법원에 소송(訴訟)을 제기 한 경우에는 조정등의 신청을 각하한다. 조정등을 신청하기 전에 이미 소송을 제기한 사건으로 확인된 경우에도 또 한 같다.

③ 하자분쟁조정위원회는 제1항 및 제2항에 따라 각하를 한 때에는 그 사유를 당사자에게 알려야 한다.

제55조(위원의 수당 및 여비)

법 제42조제6항에 따라 하자분쟁조정위원회 위원에 대해서는 예산의 범위에서 업무수행 에 따른 수당, 여비 및 그 밖에 필요한 경비를 지급할 수 있다. 다만, 공무원인 위원이 소관업무와 직접 관련하여 회 의에 출석하는 경우에는 그러하지 아니하다.

제56조(하자심사 사건의 분쟁조정 회부)

법 제43조제1항에 따라 하자심사분과위원회는 하자심사 사건을 분쟁조정분과 위원회에 회부하기로 결정한 때에는 지체 없이 해당 사건에 관한 문서 및 물건을 분쟁조정분과위원회로 이송하고, 그 사실을 국토교통부령으로 정하는 바에 따라 당사자에게 통지하여야 한다.

제57조(하자 여부 판정서의 기재사항 등)

① 법 제43조제2항에서 "대통령령으로 정하는 사항"이란 다음 각 호의 사항을 말한다.

1. 사건번호와 사건명
2. 하자의 발생 위치
3. 당사자, 선정대표자, 대리인의 주소 및 성명(법인인 경우에는 본점의 소재지 및 명칭을 말한다)
4. 신청의 취지(신청인 주장 및 피신청인 답변)
5. 판정일자
6. 판정이유

7. 판정결과

8. 보수기한

② 제1항제8호의 보수기한은 송달일부터 60일 이내의 범위에서 정하여야 한다.

③ 사업주체는 법 제43조제3항에 따라 하자 보수 결과를 지체 없이 하자관리정보시스템에 등록하는 방법으로 하자 분쟁조정위원회에 통보해야 한다. 〈개정 2021. 12. 9.〉

[제목개정 2021. 12. 9.]

제57조의2(하자 여부 판정 결과에 대한 이의신청)

법 제43조제4항에서 "대통령령으로 정하는 관계 전문가"란 「변호사 법」 제7조에 따라 등록한 변호사를 말한다. [본조신설 2017. 9. 29.]

제58조(조정안의 기재사항)

법 제44조제1항에서 "대통령령으로 정하는 사항"이란 다음 각 호의 사항을 말한다.

1. 사건번호와 사건명

2. 하자의 발생 위치

3. 당사자, 선정대표자, 대리인의 주소 및 성명(법인인 경우에는 본점의 소재지 및 명칭을 말한다)

4. 신청의 취지

5. 조정일자

6. 조정이유

7. 조정결과

제59조(조정안의 수락 및 조정서)

① 법 제44조제1항에 따라 하자분쟁조정위원회에서 제시한 조정안을 제시받은 각 당 사자 또는 대리인은 같은 조 제3항에 따라 그 조정안을 수락하거나 거부할 때에는 국토교통부령으로 정하는 바에 따 라 각 당사자 또는 대리인이 서명 또는 날인한 서면[「전자서명법」 제2조제2호에 따른 전자서명(서명자의 실지명의 를 확인할 수 있는 것으로 한정한다)을 한 전자문서를 포함한다]을 하자분쟁조정위원회에 제출하여야 한다. 〈개정 2020. 12. 8.〉

② 법 제44조제3항에 따른 조정서의 기재사항은 다음 각 호와 같다.

1. 사건번호와 사건명

2. 하자의 발생 위치

3. 당사자, 선정대표자, 대리인의 주소 및 성명(법인인 경우에는 본점의 소재지 및 명칭을 말한다)

4. 조정서 교부일자

5. 조정내용

6. 신청의 표시(신청취지 및 신청원인)

③ 사업주체는 제2항의 조정서에 따라 하자를 보수하고 그 결과를 지체 없이 하자관리정보시스템에 등록하여야 한다.

제60조(당사자가 임의로 처분할 수 없는 분쟁조정 사항)

법 제44조제4항 단서에서 "대통령령으로 정하는 것"이란 다음 각 호의 어느 하나에 해당하는 것을 말한다. 〈개정 2021. 12. 9.〉

1. 입주자대표회의가 전체 입주자 5분의 4 이상의 동의 없이 공동주택 공용부분의 하자보수를 제외한 담보책임에 관한 분쟁조정을 신청한 사건. 다만, 입주자대표회의와 사업주체등(사업주체 및 하자보수보증서 발급기관을 말한다. 이하 이 장에서 같다) 간의 분쟁조정으로서 제41조제3항에 따라 입주자대표회의의 명의로 변경된 하자보수보 증금의 반환에 관한 사건은 제외한다.

2. 법령이나 계약 등에 의하여 당사자가 독자적으로 권리를 행사할 수 없는 부분의 담보책임 및 하자보수 등에 관한 분쟁조정을 신청한 사건 [제목개정 2021. 12. 9.]

제60조의2(심문의 방법 및 절차 등)

① 하자분쟁조정위원회는 법 제44조의2제1항에 따라 심문기일에 당사자를 출석시켜 구두(口頭)로 의견을 진술하게 해야 한다. 다만, 당사자가 질병, 해외 체류 등의 사유로 심문기일에 출석하여 의견을 진술하기 어렵다고 인정되는 경우에는 서면으로 진술하게 할 수 있다.

② 하자분쟁조정위원회는 제1항에 따른 심문기일의 7일 전까지 당사자에게 심문기일을 통지해야 한다.

③ 법 제44조의2제2항에서 "대통령령으로 정하는 사항"이란 다음 각 호의 사항을 말한다.

1. 사건번호 및 사건명

2. 심문한 날짜 및 장소

3. 출석한 당사자 등의 성명

4. 심문한 내용과 당사자의 진술 내용

④ 법 제44조의2제2항에 따른 심문조서에는 그 심문에 관여한 위원과 심문조서를 작성한 직원

이 기명날인해야 한다.

[본조신설 2021. 12. 9.]

제60조의3(분쟁재정 사건의 분쟁조정 회부)

① 분쟁재정분과위원회는 법 제44조의2제4항에 따라 재정신청된 사건을 분쟁조정에 회부하기로 결정한 때에는 지체 없이 해당 사건에 관한 서류 및 물건 등을 분쟁조정분과위원회로 송부 해야 한다.

② 분쟁재정분과위원회는 제1항에 따라 서류 및 물건 등을 송부한 때에는 국토교통부령으로 정하는 바에 따라 그 사실을 당사자에게 통지해야 한다. [본조신설 2021. 12. 9.]

제60조의4(재정문서의 기재사항)

① 법 제44조의2제6항에서 "대통령령으로 정하는 사항"이란 다음 각 호의 사항을 말한다.

1. 사건번호와 사건명

2. 하자의 발생위치

3. 당사자, 선정대표자 및 대리인의 성명과 주소(법인인 경우에는 명칭과 본점 소재지로 한다)

4. 주문(主文)

5. 신청취지

6. 이유

7. 재정한 날짜

② 하자분쟁조정위원회는 제1항제6호의 이유를 적을 때 주문의 내용이 정당함을 인정할 수 있는 한도에서 당사자 의 주장 등에 대한 판단을 표시해야 한다. [본조신설 2021. 12. 9.]

제60조의5(분쟁재정에 따른 이행결과의 등록)

사업주체는 법 제44조의2제7항 본문에 따른 재판상 화해와 동일한 효력 이 있는 재정에 따라 하자를 보수하고 그 결과를 지체 없이 하자관리정보시스템에 등록해야 한다. [본조신설 2021. 12. 9.]

제60조의6(당사자가 임의로 처분할 수 없는 분쟁재정 사항)

법 제44조의2제7항 단서에서 "대통령령으로 정하는 사항 "이란 다음 각 호의 사건에 관한 사항을 말한다.

1. 입주자대표회의가 전체 입주자 5분의 4 이상의 동의 없이 공동주택 공용부분의 하자보수

를 제외한 담보책임에 관한 분쟁재정을 신청한 사건. 다만, 입주자대표회의와 사업주체등 간의 분쟁재정으로서 제41조제3항에 따라 입 주자대표회의의 명의로 변경된 하자보수보 증금의 반환에 관한 사건은 제외한다.

2. 법령이나 계약 등에 의하여 당사자가 독자적으로 권리를 행사할 수 없는 부분의 담보책임 및 하자보수 등에 관한 재정을 신청한 사건 [본조신설 2021. 12. 9.]

제61조(조정등 기일 출석)

① 하자분쟁조정위원회는 조정등 사건의 당사자(분쟁재정 사건인 경우에는 참고인 및 감정 인을 포함한다. 이하 제2항에서 같다)에게 조정등 기일의 통지에 관한 출석요구서를 서면이나 전자적인 방법으로 송 달할 수 있다. 〈개정 2021. 12. 9.〉

② 하자분쟁조정위원회는 조정등 사건의 당사자로부터 진술을 들으려는 경우에는 제1항을 준용하여 출석을 요구할 수 있다. 〈개정 2021. 12. 9.〉

③ 하자분쟁조정위원회는 조정등의 사건에 대한 다음 각 호의 이해관계자에게 조정등 기일에 출석하도록 요구할 수 있다. 〈개정 2021. 12. 9.〉

1. 전유부분에 관한 하자의 원인이 공용부분의 하자와 관련된 경우에는 입주자대표회의의 회장, 법 제64조제1항에 따라 배치된 관리사무소장

2. 신청인 또는 피신청인이 사업주체인 경우로서 법 제38조제1항에 따른 하자보수보증금으로 하자를 보수하는 것 으로 조정안을 제시하거나 재정하려는 경우에는 하자보수보증서 발급기관 3. 신청인 또는 피신청인이 하자보수보증서 발급기관인 경우에는 하자보수보증금의 주채무자인 사업주체 4. 당사자의 요청이 있는 경우에는 「건설산업기본법」 제2조제14호에 따른 하수급인 [제목개정 2021. 12. 9.]

제62조(하자진단 및 감정)

① 법 제48조제1항 전단에서 "대통령령으로 정하는 안전진단기관"이란 다음 각 호의 자를 말 한다. 〈개정 2018. 9. 11., 2020. 12. 1.〉

1. 국토안전관리원

2. 한국건설기술연구원

3. 「엔지니어링산업 진흥법」 제21조에 따라 신고한 해당 분야의 엔지니어링사업자

4. 「기술사법」 제6조제1항에 따라 등록한 해당 분야의 기술사

5. 「건축사법」 제23조제1항에 따라 신고한 건축사

6. 건축 분야 안전진단전문기관

② 법 제48조제2항에서 "대통령령으로 정하는 안전진단기관"이란 다음 각 호의 자를 말한다. 다만, 제1항에 따른 안 전진단기관은 같은 사건의 조정등 대상시설에 대해서는 법 제48조제2항에 따라 감정을 하는 안전진단기관이 될 수 없다. 〈개정 2020. 12. 1., 2021. 12. 9.〉

1. 국토안전관리원

2. 한국건설기술연구원 3. 국립 또는 공립의 주택 관련 시험 · 검사기관

4. 「고등교육법」 제2조제1호 · 제2호에 따른 대학 및 산업대학의 주택 관련 부설 연구기관 (상설기관으로 한정한다)

5. 제1항제3호부터 제6호까지의 자. 이 경우 분과위원회(법 제42조제4항에 따라 소위원회에서 의결하는 사건은 소 위원회를 말한다)에서 해당 하자감정을 위한 시설 및 장비를 갖추었다고 인정하고 당사자 쌍방이 합의한 자로 한 정한다.

③ 제1항에 따른 안전진단기관은 법 제48조제1항에 따른 하자진단을 의뢰받은 날부터 20일 이내에 그 결과를 사업 주체등과 입주자대표회의등에 제출하여야 한다. 다만, 당사자 사이에 달리 약정한 경우에는 그에 따른다.

④ 제2항에 따른 안전진단기관은 법 제48조제2항에 따른 하자감정을 의뢰받은 날부터 20일 이내에 그 결과를 하자 분쟁조정위원회에 제출하여야 한다. 다만, 하자분쟁조정위원회가 인정하는 부득이한 사유가 있는 때에는 그 기간을 연장할 수 있다.

제63조(하자분쟁조정위원회의 운영 및 사무처리)

① 법 제49조제1항에 따라 하자분쟁조정위원회의 운영을 지원 · 보조 하는 등 그 사무를 처리하기 위하여 국토안전관리원에 사무국(이하 "사무국"이라 한다)을 둔다. 〈개정 2020. 12. 1.〉

② 사무국은 위원장의 명을 받아 그 사무를 처리한다.

③ 사무국의 조직 · 인력은 국토안전관리원의 원장이 국토교통부장관의 승인을 받아 정한다.

〈개정 2020. 12. 1.〉

제64조(관계 공공기관의 협조)

하자분쟁조정위원회는 조정등을 위하여 필요한 경우에는 국가기관, 지방자치단체 또는 공공기관(「공공기관의 운영에 관한 법률」 제4조에 따른 공공기관을 말한다) 등에 대하여 자료 또는 의견의 제출, 기 술적 지식의 제공, 그 밖에 조정등에 필요한 협조를 요청할 수 있다. 이 경우 요청받은 기관은 특별한 사유가 없으면 협조해야 한다. 〈개정 2021. 12. 9.〉

제7장 공동주택의 전문관리

제1절 주택관리업

제65조(주택관리업의 등록기준 및 등록절차 등)

① 법 제52조제1항에 따라 주택관리업의 등록을 하려는 자는 국토교통 부령으로 정하는 바에 따라 신청서(전자문서에 의한 신청서를 포함한다)를 시장·군수·구청장에게 제출하여야 한다.

② 시장·군수·구청장은 주택관리업 등록을 한 자에게 등록증을 내주어야 한다.

③ 법 제52조제3항제1호에서 "대통령령으로 정하는 금액"이란 2억원을 말한다.

④ 법 제52조제3항제1호 및 제2호에 따른 주택관리업 등록기준은 별표 5와 같다.

제66조(주택관리업자의 관리상 의무)

① 법 제52조제4항에 따라 주택관리업자는 관리하는 공동주택에 배치된 주택관 리사등이 해임 그 밖의 사유로 결원이 된 때에는 그 사유가 발생한 날부터 15일 이내에 새로운 주택관리사 등을 배치 하여야 한다.

② 법 제52조제4항에 따라 주택관리업자는 공동주택을 관리할 때에는 별표 1에 따른 기술인력 및 장비를 갖추고 있어야 한다.

제67조(주택관리업자에 대한 등록말소 또는 영업정지 처분의 기준)

① 법 제53조제1항제4호에서 "공동주택 관리 실적 이 대통령령으로 정하는 기준에 미달한 경 우"란 매년 12월 31일을 기준으로 최근 3년간 공동주택의 관리 실적이 없 는 경우를 말한다.

② 시장·군수·구청장은 법 제53조제1항에 따라 주택관리업자에 대하여 등록말소 또는 영 업정지 처분을 하려는 때에는 처분일 1개월 전까지 해당 주택관리업자가 관리하는 공동주택 의 입주자대표회의에 그 사실을 통보하여야 한다.

③ 법 제53조제1항에 따른 등록말소 및 영업정지 처분의 기준은 별표 6과 같다.

제68조(주택관리업자에 대한 과징금의 부과 및 납부)

① 법 제53조제2항에 따른 과징금은 영업정지기간 1일당 3만원을 부과하며, 영업정지 1개월은 30일을 기준으로 한다. 이 경우 과징금은 2천만원을 초과할 수 없다.　　　　〈개정 2021. 10. 19.〉

② 시장·군수·구청장은 법 제53조제2항에 따라 과징금을 부과하려는 때에는 그 위반행위의

종류와 과징금의 금액을 명시하여 이를 납부할 것을 서면으로 통지하여야 한다.

③ 제2항에 따라 통지를 받은 자는 통지를 받은 날부터 30일 이내에 과징금을 시장·군수·구청장이 정하는 수납 기관에 납부하여야 한다. 다만, 천재지변 그 밖의 부득이한 사유로 인하여 그 기간 내에 과징금을 납부할 수 없는 때에는 그 사유가 없어진 날부터 7일 이내에 납부하여야 한다.

④ 제3항에 따라 과징금의 납부를 받은 수납기관은 그 납부자에게 영수증을 발급하여야 한다.

⑤ 과징금 수납기관은 제3항에 따라 과징금을 수납한 때에는 지체 없이 그 사실을 시장·군수·구청장에게 통보하여야 한다.

제2절 관리주체의 업무와 주택관리사

제69조(관리사무소장의 배치)

① 법 제64조제1항 각 호 외의 부분 단서에서 "대통령령으로 정하는 세대수"란 500세대를 말한다.

② 법 제64조제1항 각 호의 자는 주택관리사등을 관리사무소장의 보조자로 배치할 수 있다.

제69조의2(경비원이 예외적으로 종사할 수 있는 업무 등)

① 법 제65조의2제1항에서 "대통령령으로 정하는 공동주택 관리에 필요한 업무"란 다음 각 호의 업무를 말한다. 1. 청소와 이에 준하는 미화의 보조 2. 재활용 가능 자원의 분리배출 감시 및 정리 3. 안내문의 게시와 우편수취함 투입

② 공동주택 경비원은 공동주택에서의 도난, 화재, 그 밖의 혼잡 등으로 인한 위험발생을 방지하기 위한 범위에서 주차 관리와 택배물품 보관 업무를 수행할 수 있다. [본조신설 2021. 10. 19.]

제70조(손해배상책임의 보장)

법 제64조제1항에 따라 관리사무소장으로 배치된 주택관리사등은 법 제66조제1항에 따른 손해배상책임을 보장하기 위하여 다음 각 호의 구분에 따른 금액을 보장하는 보증보험 또는 공제에 가입하거나 공탁을 하여야 한다. 1. 500세대 미만의 공동주택: 3천만원 2. 500세대 이상의 공동주택: 5천만원

제71조(보증설정의 변경)

① 법 제66조제2항에 따라 관리사무소장의 손해배상책임을 보장하기 위한 보증보험 또는 공 제에 가입하거나 공탁을 한 조치(이하 "보증설정"이라 한다)를 이행한 주택관리사등은 그 보증 설정을 다른 보증설정 으로 변경하려는 경우에는 해당 보증설정의 효력이 있는 기간 중에 다른 보증설정을 하여야 한다.

② 보증보험 또는 공제에 가입한 주택관리사등으로서 보증기간이 만료되어 다시 보증설정을 하려는 자는 그 보증 기간이 만료되기 전에 다시 보증설정을 하여야 한다.

③ 제1항 및 제2항에 따라 보증설정을 한 경우에는 해당 보증설정을 입증하는 서류를 법 제66조 제3항에 따라 제출 하여야 한다.

제72조(보증보험금 등의 지급 등)

① 입주자대표회의는 손해배상금으로 보증보험금·공제금 또는 공탁금을 지급받으 려는 경우에는 다음 각 호의 어느 하나에 해당하는 서류를 첨부하여 보증보험회사, 공제회사 또는 공탁기관에 손해 배상금의 지급을 청구하여야 한다.

1. 입주자대표회의와 주택관리사등 간의 손해배상합의서 또는 화해조서

2. 확정된 법원의 판결문 사본

3. 제1호 또는 제2호에 준하는 효력이 있는 서류

② 주택관리사등은 보증보험금·공제금 또는 공탁금으로 손해배상을 한 때에는 15일 이내에 보증보험 또는 공제에 다시 가입하거나 공탁금 중 부족하게 된 금액을 보전하여야 한다.

제73조(주택관리사 자격증의 발급 등)

① 법 제67조제2항제2호에 따라 특별시장·광역시장·특별자치시장·도지사 또 는 특별자치 도지사(이하 "시·도지사"라 한다)는 주택관리사보 자격시험에 합격하기 전이나 합격한 후 다음 각 호의 어느 하나에 해당하는 경력을 갖춘 자에 대하여 주택관리사 자격증을 발급한다.

1. 「주택법」 제15조제1항에 따른 사 업계획승인을 받아 건설한 50세대 이상 500세대 미만의 공동주택(「건축법」 제 11조에 따른 건축허가를 받아 주택과 주택 외의 시설을 동일 건축물로 건축한 건축물 중 주택이 50세대 이상 300세대 미만인 건축물을 포함한다)의 관리사무소장으로 근무한 경력 3년 이상

2. 「주택법」 제15조제1항에 따른 사업계획승인을 받아 건설한 50세대 이상의 공동주택 (「건축법」 제11조에 따른 건 축허가를 받아 주택과 주택 외의 시설을 동일 건축물로 건

축한 건축물 중 주택이 50세대 이상 300세대 미만인 건 축물을 포함한다)의 관리사무소의 직원(경비원, 청소원 및 소독원은 제외한다) 또는 주택관리업자의 직원으로 주 택관리업무에 종사한 경력 5년 이상

3. 한국토지주택공사 또는 지방공사의 직원으로 주택관리업무에 종사한 경력 5년 이상

4. 공무원으로 주택관련 지도·감독 및 인·허가 업무 등에 종사한 경력 5년 이상

5. 법 제81조제1항에 따른 주택관리사단체와 국토교통부장관이 정하여 고시하는 공동주택 관리와 관련된 단체의 임 직원으로 주택 관련 업무에 종사한 경력 5년 이상

6. 제1호부터 제5호까지의 경력을 합산한 기간 5년 이상

② 법 제67조제2항에 따른 주택관리사 자격증을 발급받으려는 자는 자격증발급신청서(전자문 서로 된 신청서를 포 함한다)에 제1항 각 호의 실무경력에 대한 증명서류(전자문서를 포함한 다) 및 사진을 첨부하여 주택관리사보 자격 시험 합격증서를 발급한 시·도지사에게 제출해 야 한다. 〈개정 2016. 12. 30., 2020. 4. 24.〉

제74조(주택관리사보 자격시험)

① 법 제67조제1항에 따른 주택관리사보 자격시험은 제1차 시험 및 제2차 시험으로 구 분하여 시행한다.

② 제1차 시험은 선택형을 원칙으로 하되, 주관식 단답형 또는 기입형을 가미할 수 있다.

③ 제2차 시험은 논문형을 원칙으로 하되, 주관식 단답형 또는 기입형을 가미할 수 있다. 다만, 국토교통부장관이 필 요하다고 인정하는 경우에는 법 제68조에 따른 주택관리사보 시험위 원회(이하 "시험위원회"라 한다)의 의결을 거쳐 제2항에 따른 방법으로 실시할 수 있다.

④ 제2차 시험은 제1차 시험에 합격한 사람에 대하여 실시한다.

⑤ 법 제67조제5항에 따라 제1차 시험에 합격한 사람에 대해서는 다음 회의 시험에 한정하여 제 1차 시험을 면제한 다. 다만, 다음 회의 제1차 시험의 시행일을 기준으로 법 제67조제4항에 해당하는 사람에 대해서는 면제하지 아니 한다.

⑥ 법 제67조제5항에 따라 주택관리사보 자격시험의 시험과목은 별표 7과 같다.

⑦ 제1차 시험 및 제2차 시험의 시행일을 기준으로 법 제67조제4항에 해당하는 자는 해당 시험 에 응시할 수 없다.

제75조(시험합격자의 결정)

① 법 제67조제5항 후단에서 "대통령령으로 정하는 합격자 결정 점수 이상을 얻은 사람"이 란 다음 각 호의 구분에 따른 사람을 말한다. 〈개정 2018. 1. 30.〉

1. 제1차시험: 과목당 100점을 만점으로 하여 모든 과목 40점 이상이고 전 과목 평균 60점 이상의 득점을 한 사람

2. 제2차시험: 과목당 100점을 만점으로 하여 모든 과목 40점 이상이고 전 과목 평균 60점 이상의 득점을 한 사람. 다만, 모든 과목 40점 이상이고 전 과목 평균 60점 이상의 득점을 한 사람의 수가 법 제67조제5항 전단에 따른 선 발예정인원(이하 "선발예정인원"이라 한다)에 미달하는 경우에는 모든 과목 40점 이상을 득점한 사람을 말한다.

② 법 제67조제5항 후단에 따라 제2차시험 합격자를 결정하는 경우 동점자로 인하여 선발예정인원을 초과하는 경 우에는 그 동점자 모두를 합격자로 결정한다. 이 경우 동점자의 점수는 소수점 이하 둘째자리까지만 계산하며, 반올 림은 하지 아니한다. 〈개정 2018. 1. 30.〉

제76조(시험의 시행 · 공고)

① 주택관리사보 자격시험은 매년 1회 시행한다. 다만, 국토교통부장관은 시험을 실시하기 어려운 부득이한 사정이 있는 경우에는 그 해의 시험을 실시하지 아니할 수 있다.

② 국토교통부장관은 주택관리사보 자격시험을 시행하려는 경우에는 시험일시, 시험장소, 시험방법, 선발예정인원, 합격자 결정기준 및 그 밖에 시험시행에 필요한 사항을 시험시행일 90일 전까지 국토교통부의 인터넷 홈페이지 등 에 공고하여야 한다. 〈개정 2018. 1. 30.〉

제77조(응시원서 등)

① 주택관리사보 자격시험에 응시하려는 자는 국토교통부령으로 정하는 응시원서를 국토교통부 장관에게 제출하여야 한다.

② 법 제67조제5항에 따라 제1항의 응시원서를 제출하는 사람은 국토교통부령으로 정하는 수수료를 정보통신망을 이용한 전자화폐 · 전자결제 등의 방법으로 납부하여야 한다.

③ 제2항에 따라 수수료를 납부한 사람이 다음 각 호의 어느 하나에 해당하는 경우에는 국토교통부령으로 정하는 바에 따라 응시수수료의 전부 또는 일부를 반환하여야 한다.

1. 수수료를 과오납(過誤納)한 경우

2. 국토교통부장관의 귀책사유로 시험에 응시하지 못한 경우

3. 시험 시행일 10일 전까지 응시원서 접수를 취소한 경우

제78조(시험수당 등의 지급)

시험감독 업무에 종사하는 사람에 대해서는 예산의 범위에서 수당 및 여비를 지급할 수 있 다.

제79조(시험부정행위자에 대한 제재)

주택관리사보 자격시험에서 부정한 행위를 한 응시자에 대해서는 그 시험을 무효 로 하고, 해당 시험 시행일부터 5년간 시험응시자격을 정지한다.

제80조(시험위원회의 구성)

① 법 제68조제1항에 따라 주택관리사보 자격시험을 시행하기 위하여 법 제89조제2항제 6호 및 이 영 제95조제1항에 따라 주택관리사보 자격시험의 시행을 위탁받은 「한국산업인력공단 법」에 따른 한국산 업인력공단(이하 "한국산업인력공단"이라 한다)에 시험위원회를 둔다.

〈개정 2018. 1. 30.〉

② 시험위원회는 위원장 1명, 당연직 위원 2명과 6명 이내의 민간위원을 포함하여 9명 이내의 위원으로 구성하되, 성별을 고려하여야 한다. 〈개정 2018. 1. 30.〉

③ 시험위원회의 위원장(이하 "위원장"이라 한다)은 한국산업인력공단 자격검정 업무를 담당하는 상임이사가 되고, 당연직 위원은 다음 각 호의 사람이 된다. 〈개정 2018. 1. 30.〉

1. 국토교통부 소속 공무원으로서 주택관리사보 자격시험 관련 업무를 담당하는 부서장

2. 한국산업인력공단의 실장급 또는 국장급 직원으로서 주택관리사보 자격시험 관련 업무를 담당하는 사람 중 한국 산업인력공단 이사장이 지명하는 사람

④ 민간위원은 공동주택관리에 관하여 학식과 경험이 풍부한 사람으로서 다음 각 호의 어느 하나에 해당하는 사람 중에서 한국산업인력공단 이사장이 위촉한다. 〈개정 2018. 1. 30.〉

1. 「고등교육법」 제2조제1호부터 제6호까지의 규정에 따른 대학 또는 공인된 연구기관에서 주택관리사보 자격시험 과 관련된 분야(이하 이 항에서 "시험관련분야"라 한다)의 조교수 이상 또는 이에 상당하는 직에 있는 사람

2. 시험관련분야의 박사학위 또는 기술사 자격 소지자

3. 시험관련분야의 석사학위 소지자로서 해당 분야에서 5년 이상 근무한 경력이 있는 사람

4. 시험관련분야의 학사학위 소지자로서 해당 분야에서 7년 이상 근무한 경력이 있는 사람

5. 주택관리사 자격을 취득한 후 10년이 경과한 사람으로서 법 제81조제1항에 따른 주택관리사단체의 장이 추천하 는 사람

6. 제1호부터 제5호까지의 규정에 해당하는 사람과 동등한 수준 이상의 자격이 있다고 한국산업인력공단 이사장이 인정하는 사람

⑤ 민간위원의 임기는 3년으로 한다. 〈개정 2018. 1. 30.〉

⑥ 시험위원회에 간사 1명을 두되, 간사는 한국산업인력공단 직원으로서 주택관리사보 자격시험 관련 업무를 담당 하는 사람 중 위원장이 지명한다. 〈개정 2018. 1. 30.〉

⑦ 삭제〈2018. 1. 30.〉

⑧ 삭제〈2018. 1. 30.〉 [제목개정 2018. 1. 30.]

제80조의2(시험위원회의 운영)

① 위원장은 시험위원회를 대표하고, 시험위원회의 업무를 총괄한다.

② 위원장이 부득이한 사유로 직무를 수행할 수 없을 때에는 위원장이 미리 지명한 위원이 그 직무를 대행한다.

③ 위원장은 회의를 소집하려는 경우 회의 개최 7일 전까지 회의의 일시·장소 및 안건을 위원 에게 서면으로 통보 하여야 한다. 다만, 긴급히 개최하여야 하거나 부득이한 사유가 있는 경 우에는 회의 개최 전날까지 통보할 수 있다.

④ 시험위원회의 회의는 재적위원 과반수의 출석으로 개의하고, 출석위원 과반수의 찬성으로 의결한다.

⑤ 위원회의 간사는 시험위원회의 회의에 참석하여야 하며, 회의록을 작성·보관하여야 한다.

⑥ 제1항부터 제5항까지에서 규정한 사항 외에 시험위원회 운영에 필요한 사항은 시험위원회 의 의결을 거쳐 위원 장이 정한다. [본조신설 2018. 1. 30.]

제81조(주택관리사등의 자격취소 등의 기준)

법 제69조제1항에 따른 주택관리사등의 자격취소 및 정지처분에 관한 기 준은 별표 8과 같다.

제8장 공동주택관리 분쟁조정

제82조(중앙 공동주택관리 분쟁조정위원회의 회의 등)

① 법 제71조제1항에 따른 중앙 공동주택관리 분쟁조정위원회 (이하 "중앙분쟁조정위원회"라 한다)를 구성할 때에는 성별을 고려하여야 한다.

② 중앙분쟁조정위원회의 위원장은 위원회의 회의를 소집하려면 특별한 사정이 있는 경우를 제외하고는 회의 개최 3일 전까지 회의의 일시·장소 및 심의안건을 각 위원에게 서면(전자 우편을 포함한다)으로 알려야 한다.

③ 중앙분쟁조정위원회는 조정을 효율적으로 하기 위하여 필요하다고 인정하면 해당 사건들을 분리하거나 병합할 수 있다.

④ 중앙분쟁조정위원회는 제3항에 따라 해당 사건들을 분리하거나 병합한 경우에는 조정의 당

사자에게 지체 없이 서면으로 그 뜻을 알려야 한다.

⑤ 중앙분쟁조정위원회는 조정을 위하여 필요하다고 인정하면 당사자에게 증거서류 등 관련 자료의 제출을 요청할 수 있다.

⑥ 중앙분쟁조정위원회는 법 제74조제2항에 따라 당사자나 이해관계인을 중앙분쟁조정위원회에 출석시켜 의견을 들으려면 회의 개최 5일 전까지 서면(전자우편을 포함한다)으로 출석을 요청하여야 한다. 이 경우 출석을 요청받은 사람은 출석할 수 없는 부득이한 사유가 있는 경우에는 미리 서면으로 의견을 제출할 수 있다.

⑦ 제1항부터 제6항까지에서 규정한 사항 외에 중앙분쟁조정위원회의 운영 등 필요한 사항은 중앙분쟁조정위원회 의 의결을 거쳐 위원장이 정한다.

⑧ 국토교통부장관은 분쟁조정 사건을 전자적 방법으로 접수·통지 및 송달하거나, 민원상담 및 홍보 등을 인터넷 을 이용하여 처리하기 위하여 중앙분쟁조정시스템을 구축·운영할 수 있다.

제82조의2(중앙분쟁조정위원회의 업무 관할)

법 제72조제1항제4호에서 "그 밖에 중앙분쟁조정위원회에서 관할하는 것 이 필요하다고 대통령령으로 정하는 분쟁"이란 다음 각 호의 분쟁을 말한다. 1. 500세대 이상의 공동주택단지에서 발생한 분쟁 2. 지방분쟁조정위원회가 스스로 조정하기 곤란하다고 결정하여 중앙분쟁조정위원회에 이송한 분쟁 [본조신설 2017. 9. 29.]

제82조의3(중앙분쟁조정위원회의 구성)

법 제73조제2항제6호에서 "대통령령으로 정하는 사람"이란 다음 각 호의 어느 하나에 해당하는 사람을 말한다. 1. 「민사조정법」 제10조제1항에 따른 조정위원으로서 같은 조 제3항에 따른 사무를 3년 이상 수행한 사람 2. 국가, 지방자치단체, 「공공기관의 운영에 관한 법률」 에 따른 공공기관 및 「비영리민간단체 지원법」 에 따른 비영 리민간단체에서 공동주택관리 관련 업무에 5년 이상 종사한 사람 [본조신설 2019. 10. 22.]

제83조(선정대표자)

여러 사람이 공동으로 조정의 당사자가 될 경우의 선정대표자에 대해서는 제46조를 준용한다.

제84조(조정안 및 조정서의 기재사항)

① 법 제74조제3항에 따른 조정안에는 다음 각 호의 사항을 기재하여야 한다.

1. 사건번호와 사건명
2. 당사자, 선정대표자, 대리인의 주소 및 성명(법인인 경우에는 본점의 소재지 및 명칭을 말한다)
3. 신청취지
4. 조정일자
5. 조정이유
6. 조정결과

② 법 제74조제5항에 따른 조정서에 기재할 사항은 다음 각 호와 같다.
1. 사건번호와 사건명
2. 당사자, 선정대표자, 대리인의 주소 및 성명(법인인 경우에는 본점의 소재지 및 명칭을 말한다)
3. 교부일자
4. 조정내용 5. 신청의 표시(신청취지 및 신청원인)

제85조(중앙분쟁조정위원회의 운영 및 사무처리)

① 법 제79조제1항에 따른 기관 또는 단체(이하 "운영수탁자"라 한다)에 중앙분쟁조정위원회의 운영 및 사무처리를 위한 사무국을 두며, 사무국은 위원장의 명을 받아 사무를 처리한다.

② 법 제79조제2항에 따라 제1항에 따른 사무국의 조직 및 인력 등은 운영수탁자가 국토교통부장관의 승인을 받아 정한다.

제86조(수당 등)

중앙분쟁조정위원회에 출석한 위원에 대한 수당, 여비 등의 지급에 대해서는 제55조를 준용한다.

제87조(지방 공동주택관리 분쟁조정위원회의 구성)

① 법 제80조제3항에 따라 지방 공동주택관리 분쟁조정위원회(이 하 "지방분쟁조정위원회"라 한다)는 위원장 1명을 포함하여 10명 이내의 위원으로 구성하되, 성별을 고려하여야 한 다.

② 지방분쟁조정위원회의 위원은 다음 각 호의 어느 하나에 해당하는 사람 중에서 해당 시장 · 군수 · 구청장이 위 촉하거나 임명한다.
1. 해당 시 · 군 또는 구(자치구를 말한다) 소속 공무원
2. 법학 · 경제학 · 부동산학 등 주택분야와 관련된 학문을 전공한 사람으로 대학이나 공인된

연구·기관에서 조교수 이상 또는 이에 상당하는 직(職)에 있거나 있었던 사람

3. 변호사 · 공인회계사 · 세무사 · 건축사 · 공인노무사의 자격이 있는 사람 또는 판사 · 검사

4. 공동주택 관리사무소장으로 5년 이상 근무한 경력이 있는 주택관리사

5. 그 밖에 공동주택관리 분야에 대한 학식과 경험을 갖춘 사람

③ 지방분쟁조정위원회의 위원장은 위원 중에서 해당 지방자치단체의 장이 지명하는 사람이 된다.

④ 공무원이 아닌 위원의 임기는 2년으로 한다. 다만, 보궐위원의 임기는 전임자의 남은 임기로 한다.

제9장 협회

제88조(공제사업의 범위)

법 제82조제1항에 따라 법 제81조제1항에 따른 주택관리사단체(이하 "주택관리사단체"라 한다)가 할 수 있는 공제사업의 범위는 다음 각 호와 같다.

1. 법 제66조제1항에 따른 주택관리사등의 손해배상책임을 보장하기 위한 공제기금의 조성 및 공제금의 지급에 관 한 사업

2. 공제사업의 부대사업으로서 국토교통부장관의 승인을 받은 사업

제89조(공제규정)

법 제82조제2항에 따른 공제규정에는 다음 각 호의 사항이 포함되어야 한다.

1. 공제계약의 내용으로서 다음 각 목의 사항 가. 주택관리사단체의 공제책임 나. 공제금, 공제료(공제사고 발생률 및 보증보험료 등을 종합적으로 고려하여 정한다) 및 공제기간 다. 공제금의 청구와 지급절차, 구상 및 대위권, 공제계약의 실효 라. 그 밖에 공제계약에 필요한 사항 2. 회계기준: 공제사업을 손해배상기금과 복지기금으로 구분하여 각 기금별 목적 및 회계원칙에 부합되는 기준

3. 책임준비금의 적립비율: 공제료 수입액의 100분의 10 이상(공제사고 발생률 및 공제금 지급액 등을 종합적으로 고려하여 정한다)

제90조(공제사업 운용 실적의 공시)

법 제82조제5항에 따라 주택관리사단체는 다음 각 호의 사항이 모두 포함된 공제 사업 운용 실

적을 매 회계연도 종료 후 2개월 이내에 국토교통부장관에게 보고하고, 일간신문 또는 주택관리사단체 의 인터넷 홈페이지 등을 통하여 공시하여야 한다. 〈개정 2016. 12. 30.〉

    1. 재무상태표, 손익계산서 및 감사보고서

    2. 공제료 수입액, 공제금 지급액, 책임준비금 적립액 3. 그 밖에 공제사업의 운용에 관한 사항

제91조(주택관리사단체의 감독)

국토교통부장관은 법 제83조에 따른 감독상 필요한 경우에는 주택관리사단체에 대하 여 다음 각 호의 사항을 보고하게 할 수 있다.

    1. 총회 또는 이사회의 의결사항

    2. 회원의 실태파악을 위하여 필요한 사항

    3. 주택관리사단체의 운영계획 등 업무와 관련된 중요 사항

    4. 그 밖에 공동주택의 관리와 관련하여 필요한 사항

제10장 보칙

제92조(공동주택관리 지원기구의 업무 등)

법 제86조제1항제10호에서 "대통령령으로 정하는 업무"란 다음 각 호의 업 무를 말한다.

    1. 법 제10조에 따른 혼합주택단지의 분쟁조정 상담 지원

    2. 법 제20조에 따른 층간소음의 방지 등에 대하여 필요한 조사 또는 상담 지원

    3. 법 제32조 및 제34조에 따른 공동주택의 안전관리 업무 지원

제93조(공동주택관리정보시스템의 구축 · 운영 등)

법 제88조에 따른 공동주택관리정보시스템의 구축 · 운영 등에 관하 여 필요한 사항은 국토교통부장관이 정하여 고시한다.

제94조(권한의 위임)

국토교통부장관은 법 제89조제1항에 따라 법 제92조에 따른 보고 · 검사의 권한을 시 · 도지사에 게 위임한다.

제95조(업무의 위탁)

① 국토교통부장관은 법 제89조제2항에 따라 법 제67조제1항에 따른 주택관리사보 자격시험의 시행에 관한 업무를 한국산업인력공단에 위탁한다. 〈개정 2018. 1. 30.〉

② 국토교통부장관은 법 제89조제2항에 따라 법 제88조제1항에 따른 공동주택관리정보시스템의 구축·운영에 관한 업무를 「한국부동산원법」에 따른 한국부동산원에 위탁한다.
〈개정 2016. 8. 31., 2020. 12. 8.〉

③ 시·도지사는 법 제89조제2항에 따라 다음 각 호의 업무를 주택관리에 관한 전문기관 또는 단체를 지정하여 위탁한다.

1. 법 제29조에 따른 장기수선계획의 조정교육

2. 법 제70조에 따른 주택관리업자 및 관리사무소장에 대한 교육

④ 시장·군수·구청장은 법 제89조제2항에 따라 법 제17조에 따른 입주자대표회의 구성원 교육을 법 제86조에 따른 공동주택관리 지원기구(이하 "공동주택관리 지원기구"라 한다)에 위탁한다.

⑤ 시장·군수·구청장은 법 제89조제2항에 따라 법 제32조에 따른 방범교육을 같은 조 제3항에 따른 관할 경찰서장 또는 공동주택관리 지원기구를 지정하여 위탁한다.

⑥ 시장·군수·구청장은 법 제89조제2항에 따라 법 제32조에 따른 소방에 관한 안전교육을 같은 조 제3항에 따른 관할 소방서장 또는 공동주택관리 지원기구를 지정하여 위탁한다.

⑦ 시장·군수·구청장은 법 제89조제2항에 따라 법 제32조에 따른 시설물 안전교육을 공동주택관리 지원기구 또는 주택관리사단체를 지정하여 위탁한다.

⑧ 시장·군수·구청장은 법 제89조제2항에 따라 법 제34조에 따른 소규모 공동주택의 안전관리 업무를 국토안전관리원 또는 주택관리사단체를 지정하여 위탁한다. 〈개정 2020. 12. 1.〉

⑨ 시장·군수·구청장은 법 제89조제2항에 따라 법 제64조제5항에 따른 관리사무소장의 배치 내용 및 직인 신고의 접수에 관한 업무를 주택관리사단체에 위탁한다.

⑩ 시·도지사 또는 시장·군수·구청장은 제3항 및 제5항부터 제8항까지의 규정에 따라 업무를 위탁하는 경우에는 위탁받은 기관·단체, 위탁한 업무의 내용 및 처리방법, 그 밖의 필요한 사항을 공보에 고시하여야 한다.

제96조(공동주택관리에 관한 감독)

① 법 제93조제1항에서 "대통령령으로 정하는 업무"란 다음 각 호의 업무를 말한다.
〈개정 2019. 10. 22.〉

1. 입주자대표회의의 구성 및 의결

2. 관리주체 및 관리사무소장의 업무 3. 자치관리기구의 구성 및 운영

4. 관리규약의 제정·개정

5. 시설물의 안전관리

6. 공동주택의 안전점검

7. 장기수선계획 및 장기수선충당금 관련업무

8. 법 제35조제1항에 따른 행위허가 또는 신고

9. 그 밖에 공동주택의 관리에 관한 업무

② 법 제93조제7항에 따른 통보를 받은 관리주체는 같은 조 제8항에 따라 통보를 받은 날부터 10일 이내에 그 내용 을 공동주택단지의 인터넷 홈페이지 및 동별 게시판에 7일 이상 공개해야 한다. 이 경우 동별 게시판에는 통보받은 일자, 통보한 기관 및 관계 부서, 주요 내용 및 조치사항 등을 요약하여 공개할 수 있다. 〈신설 2019. 10. 22.〉

③ 관리주체는 제2항에 따라 공개하는 내용에서 「개인정보 보호법 시행령」 제19조 각 호에 따른 고유식별정보 등 개인의 사생활의 비밀 또는 자유를 침해할 우려가 있는 정보는 제외해야 한다. 〈신설 2019. 10. 22.〉

제96조의2(공동주택 관리비리 신고센터의 설치 및 구성)

① 국토교통부장관은 법 제93조의2제1항에 따라 국토교통부 에 공동주택 관리비리 신고센터(이하 "신고센터"라 한다)를 설치한다.

② 신고센터의 장은 국토교통부의 공동주택 관리업무를 총괄하는 부서의 장으로 하고, 구성원은 공동주택 관리와 관련된 업무를 담당하는 공무원으로 한다.

③ 국토교통부장관은 신고센터의 운영을 위하여 필요한 경우 지방자치단체의 장에게 소속 직원의 파견을 요청할 수 있다. 이 경우 국토교통부장관은 공동주택 관리비리 신고 및 처리 건수 등을 고려하여 관계 지방자치단체의 장과 협의를 거쳐 인력지원의 규모, 기간 및 방법 등을 조정할 수 있다.

④ 제3항에 따라 국토교통부장관으로부터 소속 직원의 파견을 요청받은 지방자치단체의 장은 특별한 사유가 없는 한 파견에 필요한 조치를 하여야 한다. [본조신설 2017. 9. 29.]

제96조의3(공동주택 관리비리의 신고 및 확인)

① 법 제93조의2제3항에 따라 신고를 하려는 자는 다음 각 호의 사항을 포함한 신고서(전자문서를 포함한다)를 신고센터에 제출하여야 한다.

1. 신고자의 성명, 주소, 연락처 등 인적사항

    2. 신고대상자의 성명, 주소, 연락처 및 근무기관 등 인적사항

    3. 신고자와 신고대상자의 관계

    4. 신고의 경위 및 이유

    5. 신고 대상 비리행위의 발생일시 · 장소 및 그 내용

    6. 신고내용을 증명할 수 있는 참고인의 인적사항 또는 증거자료

② 제1항에 따른 신고서를 받은 신고센터는 다음 각 호의 사항을 확인할 수 있다.

    1. 신고자 및 신고대상자의 인적사항

    2. 신고내용을 증명할 수 있는 참고인 또는 증거자료의 확보여부

    3. 신고자가 신고내용의 조사 · 처리 등에서 신고센터 및 해당 지방자치단체의 담당 공무원 외의 자에게 그 신분을 밝히거나 암시하는 것(이하 "신분공개"라 한다)에 동의하는지 여부

③ 신고센터는 제2항제3호에 따라 신분공개의 동의여부를 확인하는 경우에는 신고내용의 처리 절차 및 신분공개의 절차 등에 관하여 설명하여야 한다.

④ 신고센터는 제2항에 따른 확인 결과 신고서가 신고자의 인적사항이나 신고내용의 특정에 필요한 사항을 갖추지 못한 경우에는 신고자로 하여금 15일 이내의 기간을 정하여 이를 보완하게 할 수 있다. 다만, 15일 이내에 자료를 보완하기 곤란한 사유가 있다고 인정되는 경우에는 신고자와 협의하여 보완기간을 따로 정할 수 있다.

⑤ 신고센터 및 법 제93조의2제2항제2호에 따른 해당 지방자치단체의 장은 신고내용의 확인을 위하여 신고자로부 터 진술을 듣거나 신고자 또는 신고대상자에게 필요한 자료의 제출을 요구할 수 있다. [본조신설 2017. 9. 29.]

제96조의4(공동주택 관리비리 신고의 종결처리)

  신고센터는 다음 각 호의 어느 하나에 해당하는 경우 법 제93조의2제 3항에 따라 접수된 신고를 종결할 수 있다. 이 경우 종결 사실과 그 사유를 신고자에게 통보하여야 한다. 1. 신고내용이 명백히 거짓인 경우 2. 신고자가 제96조의3제4항에 따른 보완요구를 받고도 보완기간 내 보완하지 아니한 경우 3. 신고에 대한 처리결과를 통보받은 사항에 대하여 정당한 사유 없이 다시 신고한 경우로서 새로운 증거자료 또는 참고인이 없는 경우 4. 그 밖에 비리행위를 확인할 수 없는 등 조사가 필요하지 아니하다고 신고센터의 장이 인정하는 경우 [본조신설 2017. 9. 29.]

제96조의5(공동주택 관리비리 신고의 처리)

① 신고센터는 제96조의3제1항에 따른 신고서를 받은 날부터 10일 이내(같 은 조 제4항에 따른 보완기간은 제외한다)에 해당 지방자치단체의 장에게 신고사항에 대한 조사 및 조치를 요구

하고 , 그 사실을 신고자에게 통보하여야 한다.

② 제1항에 따라 신고사항에 대한 조사 및 조치를 요구받은 지방자치단체의 장은 요구를 받은 날부터 60일 이내에 조사 및 조치를 완료하고, 조사 및 조치를 완료한 날부터 10일 이내에 국토교통부장관에게 통보하여야 한다. 다만, 60일 이내에 처리가 곤란한 경우에는 한 차례만 30일 이내의 범위에서 그 기간을 연장할 수 있다.

③ 제2항 단서에 따라 조사 및 조치 기간을 연장하려는 지방자치단체의 장은 그 사유와 연장기간을 신고센터에 통 보하여야 한다. [본조신설 2017. 9. 29.]

제97조(관리주체 등에 대한 감독)

① 지방자치단체의 장은 법 제94조의 규정에 따라 관리주체 등에 대하여 공사의 중지 , 원상복구 또는 그 밖에 필요한 조치를 명한 때에는 즉시 국토교통부장관에게 보고하여야 한다.

〈개정 2019. 10. 22.〉

② 법 제94조제2항에 따른 통보를 받은 관리주체는 같은 조 제3항에 따라 통보를 받은 날부터 10일 이내에 그 내용 을 공동주택단지의 인터넷 홈페이지 및 동별 게시판에 7일 이상 공개해야 한다. 이 경우 동별 게시판에는 통보받은 일자, 통보한 기관 및 관계 부서, 주요 내용 및 조치사항 등을 요약하여 공개할 수 있다. 〈신설 2019. 10. 22.〉

③ 관리주체는 제2항에 따라 공개하는 내용에서 「개인정보 보호법 시행령」 제19조 각 호에 따른 고유식별정보 등 개인의 사생활의 비밀 또는 자유를 침해할 우려가 있는 정보는 제외해야 한다. 〈신설 2019. 10. 22.〉

제98조(고유식별정보의 처리)

① 국토교통부장관, 시·도지사, 시장, 군수 또는 구청장(제95조에 따라 해당 권한이 위탁 된 경우에는 그 권한을 위탁받은 자를 포함한다)은 다음 각 호의 사무를 수행하기 위하여 불가피한 경우 「개인정보 보호법 시행령」 제19조제1호에 따른 주민등록번호가 포함된 자료를 처리할 수 있다. 〈개정 2021. 12. 9.〉

1. 법 제16조에 따른 동별 대표자 후보자에 대한 범죄경력 조회에 관한 사무

2. 법 제17조에 따른 입주자대표회의의 운영과 관련한 교육에 관한 사무

3. 법 제29조제4항에 따른 장기수선계획의 비용산출 및 공사방법 등에 관한 교육에 관한 사무

4. 법 제32조제3항에 따른 방범교육 및 안전교육에 관한 사무

5. 법 제40조제7항에 따른 하자분쟁조정위원회 위원의 위촉에 관한 사무

6. 법 제40조세9항제2호(법 제73조제3항에서 준용하는 경우를 포함한다)에 따른 공무원이 아닌 하자분쟁조정위원 회 위원의 해촉사유 확인에 관한 사무

7. 법 제64조제5항에 따른 관리사무소장의 배치 내용 및 직인 신고에 관한 사무

8. 법 제67조제1항에 따른 주택관리사보 자격시험 응시자의 본인 확인 또는 같은 조 제2항에 따른 주택관리사 자격 증 발급을 위한 같은 조 제4항에 따른 주택관리사등의 결격사유 확인에 관한 사무

9. 법 제70조제1항부터 제3항까지의 규정에 따른 주택관리업자 등의 교육에 관한 사무

9의2. 법 제73조제2항에 따른 중앙분쟁조정위원회 위원의 위촉에 관한 사무

10. 법 제93조제1항부터 제4항까지의 규정에 따른 공동주택관리에 대한 감독 및 감사에 관한 사무

② 주택관리사단체는 법 제82조제1항에 따른 공제사업(법 제66조에 따른 관리사무소장의 손해배상책임을 보장하 기 위한 공제사업을 말한다)에 관한 사무를 수행하기 위하여 불가피한 경우 「개인정보 보호법 시행령」 제19조제 1호에 따른 주민등록번호가 포함된 자료를 처리할 수 있다.

③ 선거관리위원회의 위원장은 법 제14조제4항 각 호에 따른 동별 대표자의 결격사유 확인에 관한 사무를 수행하 기 위하여 불가피한 경우 「개인정보 보호법 시행령」 제19조제1호에 따른 주민등록번호가 포함된 자료를 처리할 수 있다.

제99조(규제의 재검토)

국토교통부장관은 다음 각 호의 사항에 대하여 다음 각 호의 기준일을 기준으로 3년마다(매 3년이 되는 해의 기준일과 같은 날 전까지를 말한다) 그 타당성을 검토하여 개선 등의 조치를 하여야 한다.

1. 삭제〈2020. 3. 3.〉

2. 삭제〈2020. 3. 3.〉

3. 삭제〈2020. 3. 3.〉

4. 삭제〈2020. 3. 3.〉

5. 삭제〈2020. 3. 3.〉

6. 제31조에 따른 장기수선충당금의 적립 등: 2014년 1월 1일

7. 삭제〈2016. 12. 30.〉

8. 삭제〈2016. 12. 30.〉

9. 삭제〈2020. 3. 3.〉

10. 삭제〈2020. 3. 3.〉

11. 제70조에 따른 손해배상책임의 보장: 2014년 1월 1일

12. 삭제〈2020. 3. 3.〉

13. 삭제〈2020. 3. 3.〉

14. 삭제〈2016. 12. 30.〉

제11장 벌칙

제100조(과태료의 부과)

법 제102조제4항에 따른 과태료의 부과기준은 별표 9와 같다.

부칙 〈제32412호,2022. 2. 11.〉

이 영은 2022년 2월 11일부터 시행한다. 다만, 별표 9 제2호다목의 개정규정은 공포한 날부터 시행한다.

공동주택관리법
시행규칙

[시행 2021. 12. 9.]
[국토교통부령 제924호, 2021. 12. 9., 일부개정]

제1장 총칙

제1조(목적) 이 규칙은 「공동주택관리법」 및 같은 법 시행령에서 위임된 사항과 그 시행에 필요한 사항을 규정함을 목적으로 한다.

제2장 공동주택의 관리방법

제2조(공동주택의 공동관리 등)

① 입주자대표회의는 「공동주택관리법」(이하 "법"이라 한다) 제8조제1항에 따라 공동 주택을 공동관리하거나 구분관리하려는 경우에는 다음 각 호의 사항을 입주자등에게 통지하고 입주자등의 서면동의 를 받아야 한다.　　　　　　　　　　〈개정 2017. 10. 18.〉

1. 공동관리 또는 구분관리의 필요성

2. 공동관리 또는 구분관리의 범위

3. 공동관리 또는 구분관리에 따른 다음 각 목의 사항

　가. 입주자대표회의의 구성 및 운영 방안

　나. 법 제9조에 따른 공동주택 관리기구의 구성 및 운영 방안

　다. 장기수선계획의 조정 및 법 제30조에 따른 장기수선충당금의 적립 및 관리 방안

　라. 입주자등이 부담하여야 하는 비용변동의 추정치

　마. 그 밖에 공동관리 또는 구분관리에 따라 변경될 수 있는 사항 중 입주자대표회의가 중요하다고 인정하는 사항

4. 그 밖에 관리규약으로 정하는 사항

② 제1항에 따른 서면동의는 다음 각 호의 구분에 따라 받아야 한다.　　〈개정 2017. 10. 18.〉

1. 공동관리의 경우: 단지별로 입주자등 과반수의 서면동의. 다만, 제3항 단서에 해당하는 경우에는 단지별로 입주 자등 3분의2 이상의 서면동의를 받아야 한다.

2. 구분관리의 경우: 구분관리 단위별 입주자등 과반수의 서면동의. 다만, 관리규약으로 달리 정한 경우에는 그에 따 른다.

③ 법 제8조제2항에서 "국토교통부령으로 정하는 기준"이란 다음 각 호의 기준을 말한다. 다만, 특별자치시장 · 특 별자치도지사 · 시장 · 군수 또는 구청장(구청장은 자치구의 구청장을 말하며, 이하 "시장 · 군수 · 구청장"이라 한다)이 지하도, 육교, 횡단보도, 그 밖에 이와 유사한 시설의 설치를 통하여 단지 간 보행자 통행의 편리성 및 안전성이 확보되었다고 인정하는 경

우에는 제2호의 기준은 적용하지 아니한다. 〈개정 2017. 10. 18.〉

1. 공동관리하는 총세대수가 1천5백세대 이하일 것. 다만, 의무관리대상 공동주택단지와 인접한 300세대 미만의 공 동주택단지를 공동으로 관리하는 경우는 제외한다.

2. 공동주택 단지 사이에 「주택법」 제2조제12호 각 목의 어느 하나에 해당하는 시설이 없을 것

④ 입주자대표회의는 법 제8조제1항에 따라 공동주택을 공동관리하거나 구분관리할 것을 결정한 경우에는 지체 없이 그 내용을 시장·군수·구청장에게 통보하여야 한다.

〈개정 2017. 10. 18.〉

제2조의2(의무관리대상 공동주택 전환 등)

「공동주택관리법 시행령」 (이하 "영"이라 한다) 제7조의2제1항 및 제2항에서 "국토교통부령으로 정하는 신고서"란 각각 별지 제1호서식의 의무관리대상 공동주택 전환 등 신고서를 말하며, 해당신고서를 제출할 때에는 다음 각 호의 서류를 첨부해야 한다.

1. 제안서 및 제안자 명부

2. 입주자등의 동의서

3. 입주자등의 명부 [본조신설 2020. 4. 24.]

제3조(관리방법의 결정 및 변경결정 신고)

① 영 제9조에 따른 신고서는 별지 제1호의2서식과 같다. 〈개정 2020. 4. 24.〉

② 입주자대표회의의 회장(직무를 대행하는 경우에는 그 직무를 대행하는 사람을 포함한다. 이하 같다)은 시장·군 수·구청장에게 제1항에 따른 신고서를 제출할 때에는 관리방법의 제안서 및 그에 대한 입주자등의 동의서를 첨부 하여야 한다.

제3장 입주자대표회의 및 관리규약

제1절 입주자대표회의

제4조(입주자대표회의 임원의 업무범위 등)

① 입주자대표회의의 회장(이하 이 조에서 "회장"이라 한다)은 입주자대표 회의를 대표하고, 그 회의의 의장이 된다.

② 이사는 회장을 보좌하고, 회장이 부득이한 사유로 그 직무를 수행할 수 없을 때에는 관리규약에서 정하는 바에 따라 그 직무를 대행한다.

③ 감사는 관리비 · 사용료 및 장기수선충당금 등의 부과 · 징수 · 지출 · 보관 등 회계 관계 업무와 관리업무 전반에 대하여 관리주체의 업무를 감사한다.

④ 감사는 제3항에 따른 감사를 한 경우에는 감사보고서를 작성하여 입주자대표회의와 관리주체에게 제출하고 인 터넷 홈페이지(인터넷 홈페이지가 없는 경우에는 인터넷 포털을 통해 관리주체가 운영 · 통제하는 유사한 기능의 웹사이트 또는 관리사무소의 게시판을 말한다) 및 동별 게시판(통로별 게시판이 설치된 경우에는 이를 포함한다)에 공개해야 한다.

〈개정 2019. 10. 24.〉

⑤ 감사는 입주자대표회의에서 의결한 안건이 관계 법령 및 관리규약에 위반된다고 판단되는 경우에는 입주자대표 회의에 재심의를 요청할 수 있다.

⑥ 제5항에 따라 재심의를 요청받은 입주자대표회의는 지체 없이 해당 안건을 다시 심의하여야 한다.

제5조(동별 대표자 후보자 등에 대한 범죄경력 확인 및 회신)

① 영 제17조제1항 전단에 따른 범죄경력의 확인 요청은 별지 제2호서식에 따른다.

② 영 제17조제1항 후단에 따른 동의서는 별지 제3호서식과 같다.

③ 영 제17조제2항에 따른 회신은 별지 제4호서식에 따른다. [제목개정 2018. 9. 14.]

제2절 관리규약 등

제6조(관리규약의 제정 및 개정 등 신고)

① 영 제21조에 따른 신고서는 별지 제5호서식과 같다.

② 입주자대표회의의 회장(관리규약 제정의 경우에는 사업주체 또는 법 제10조의2제1항에 따른 의무관리대상 전환 공동주택의 관리인을 말한다)은 영 제21조에 따라 시장 · 군수 · 구청장에게 제1항에 따른 신고서를 제출할 때에는 다음 각 호의 구분에 따른 서류를 첨부해야 한다.

〈개정 2020. 4. 24.〉

1. 관리규약의 제정 · 개정을 신고하는 경우: 관리규약의 제정 · 개정 제안서 및 그에 대한 입주자등의 동의서

2. 입주자대표회의의 구성 · 변경을 신고하는 경우: 입주자대표회의의 구성 현황(임원 및 동

별 대표자의 성명·주소·생년월일 및 약력과 그 선출에 관한 증명서류를 포함한다)

제3장의2 관리비 및 회계운영 〈신설 2017. 10. 18.〉

제6조의2(관리비 등을 예치할 수 있는 금융기관의 범위)

영 제23조제7항제5호에서 "국토교통부령으로 정하는 기관"이 란 다음 각 호의 기관을 말한다.

1. 「농업협동조합법」에 따른 조합, 농업협동조합중앙회 및 농협은행
2. 「수산업협동조합법」에 따른 수산업협동조합 및 수산업협동조합중앙회
3. 「신용협동조합법」에 따른 신용협동조합 및 신용협동조합중앙회
4. 「새마을금고법」에 따른 새마을금고 및 새마을금고중앙회
5. 「산림조합법」에 따른 산림조합 및 산림조합중앙회
6. 「한국주택금융공사법」에 따른 한국주택금융공사
7. 「우체국예금·보험에 관한 법률」에 따른 체신관서 [본조신설 2017. 10. 18.]

제4장 시설관리 및 행위허가

제7조(장기수선계획의 수립기준 등)

① 영 제30조 전단에서 "국토교통부령으로 정하는 기준"이란 별표 1에 따른 기준 을 말한다.

② 법 제29조제2항에 따른 장기수선계획 조정은 관리주체가 조정안을 작성하고, 입주자대표회 의가 의결하는 방법 으로 한다.

③ 입주자대표회의와 관리주체는 법 제29조제2항 및 제3항에 따라 장기수선계획을 조정하려는 경우에는 「에너지 이용 합리화법」 제25조에 따라 산업통상자원부장관에게 등록한 에너지 절약전문기업이 제시하는 에너지절약을 통 한 주택의 온실가스 감소를 위한 시설 개선 방법 을 반영할 수 있다.

④ 법 제29조제4항에 따른 장기수선계획의 조정교육에 관한 업무를 영 제95조제3항제1호에 따 라 위탁받은 기관은 교육 실시 10일 전에 교육의 일시·장소·기간·내용·대상자 및 그 밖 에 교육에 필요한 사항을 공고하거나 관리 주체에게 통보하여야 한다.

⑤ 특별시장·광역시장·특별자치시장·도지사 또는 특별자치도지사(이하 "시·도지사"라 한 다)는 제4항에 따른 수탁기관으로 하여금 다음 각 호의 사항을 이행하도록 하여야 한다.

1. 매년 11월 30일까지 다음 각 목의 내용이 포함된 다음 연도의 교육계획서를 작성하여 시·도지사의 승인을 받을 것

    가. 교육일시·장소 및 교육시간

    나. 교육예정인원

    다. 강사의 성명·주소 및 교육과목별 이수시간

    라. 교육과목 및 내용

    마. 그 밖에 교육시행과 관련하여 시·도지사가 요구하는 사항

2. 해당 연도의 교육 종료 후 1개월 이내에 다음 각 호의 내용이 포함된 교육결과보고서를 작성하여 시·도지사에게 보고할 것

    가. 교육대상자 및 이수자명단

    나. 교육계획의 주요내용이 변경된 경우에는 그 변경내용과 사유

    다. 그 밖에 교육시행과 관련하여 시·도지사가 요구하는 사항

제8조(영상정보처리기기의 설치 및 관리 등)

① 공동주택단지에 「개인정보 보호법 시행령」 제3조제1호 또는 제2호에 따른 영상정보처리기기(이하 "영상정보처리기기"라 한다)를 설치하거나 설치된 영상정보처리기기를 보수 또는 교체 하려는 경우에는 장기수선계획에 반영하여야 한다.　　　　　　　　　〈개정 2019. 1. 16.〉

② 공동주택단지에 설치하는 영상정보처리기기는 다음 각 호의 기준에 적합하게 설치 및 관리해야 한다.　　　　　　　　　　　　　　　　　　　　　　　　　　　〈개정 2019. 1. 16.〉

    1. 영상정보처리기기를 설치 또는 교체하는 경우에는 「주택건설기준 등에 관한 규칙」 제9조에 따른 설치 기준을 따를 것

    2. 선명한 화질이 유지될 수 있도록 관리할 것

    3. 촬영된 자료는 컴퓨터보안시스템을 설치하여 30일 이상 보관할 것

    4. 영상정보처리기기가 고장 난 경우에는 지체 없이 수리할 것

    5. 영상정보처리기기의 안전관리자를 지정하여 관리할 것

③ 관리주체는 영상정보처리기기의 촬영자료를 보안 및 방범 목적 외의 용도로 활용하거나 타인에게 열람하게 하거나 제공하여서는 아니 된다. 다만, 다음 각 호의 어느 하나에 해당하는 경우에는 촬영자료를 열람하게 하거나 제공할 수 있다.　　　　　〈개정 2019. 1. 16.〉

    1. 정보주체에게 열람 또는 제공하는 경우

    2. 정보주체의 동의가 있는 경우

    3. 범죄의 수사와 공소의 제기 및 유지에 필요한 경우

4. 범죄에 대한 재판업무수행을 위하여 필요한 경우

5. 다른 법률에 특별한 규정이 있는 경우 [제목개정 2019. 1. 16.]

제9조(장기수선충당금의 적립)

법 제30조제3항에 따른 공동주택 주요 시설의 범위, 교체 · 보수의 시기 및 방법 등은 별 표 1에 따른다. 〈개정 2021. 10. 22.〉

제10조(설계도서의 보관)

① 영 제32조제1항에서 "국토교통부령으로 정하는 서류"란 다음 각 호의 서류를 말한다.

1. 영 제10조제4항에 따라 사업주체로부터 인계받은 설계도서 및 장비의 명세

2. 법 제33조제1항에 따른 안전점검 결과보고서

3. 「주택법」 제44조제2항에 따른 감리보고서

4. 영 제32조제2항에 따른 공용부분 시설물의 교체, 유지보수 및 하자보수 등의 이력관리 관련 서류 · 도면 및 사진

② 의무관리대상 공동주택의 관리주체는 영 제32조제2항에 따라 공용부분 시설물의 교체, 유지보수 및 하자보수 등 을 한 경우에는 다음 각 호의 서류를 공동주택관리정보시스템에 등록하여야 한다.

1. 이력 명세

2. 공사 전 · 후의 평면도 및 단면도 등 주요 도면 3. 주요 공사 사진

제11조(안전관리계획 수립 대상 등)

① 영 제33조제1항제8호에서 "국토교통부령으로 정하는 시설"이란 다음 각 호의 시설을 말한다.

1. 석축, 옹벽, 담장, 맨홀, 정화조 및 하수도

2. 옥상 및 계단 등의 난간

3. 우물 및 비상저수시설

4. 펌프실, 전기실 및 기계실 5. 주차장, 경로당 또는 어린이놀이터에 설치된 시설

② 영 제33조제2항제2호에 따라 안전관리계획에 포함되어야 하는 시설의 안전관리에 관한 기준 및 진단사항은 별 표 2와 같다.

제12조(방범교육 및 안전교육)

① 법 제32조제2항에 따른 방범교육 및 안전교육은 다음 각 호의 기준에 따른다.

　　1. 이수 의무 교육시간: 연 2회 이내에서 시장·군수·구청장이 실시하는 횟수, 매회별 4시간

　　2. 대상자 가. 방범교육: 경비책임자 나. 소방에 관한 안전교육: 시설물 안전관리책임자 다.
　　　시설물에 관한 안전교육: 시설물 안전관리책임자

　　3. 교육내용

　　　가. 방범교육: 강도, 절도 등의 예방 및 대응

　　　나. 소방에 관한 안전교육: 소화, 연소 및 화재예방

　　　다. 시설물에 관한 안전교육: 시설물 안전사고의 예방 및 대응

② 「화재예방, 소방시설 설치·유지 및 안전관리에 관한 법률 시행규칙」 제16조에 따른 소방
안전교육 또는 같은 법 시행규칙 제36조에 따른 소방안전관리자 실무교육을 이수한 사람은
제1항에 따른 소방에 관한 안전교육을 이수한 것으로 본다.

③ 법 제32조제2항에 따른 시설물에 관한 안전교육에 관해서는 제7조제4항 및 제5항을 준용한
다.

제13조(주택관리사 및 주택관리사보에 대한 안전점검교육기관)

영 제34조제3항제2호에서 "국토교통부령으로 정하는 교육기관"이란 다음 각 호의 교육기관을
말한다. 〈개정 2018. 1. 18.〉

　　1. 「시설물의 안전 및 유지관리에 관한 특별법」 제10조제1항 각 호에 따른 교육기관

　　2. 법 제81조제1항에 따른 주택관리사단체(이하 "주택관리사단체"라 한다)

제14조(공동주택의 안전점검)

영 제34조제6항에 따라 시장·군수·구청장은 같은 조 제5항에 따라 보고받은 공동주택 에 대
하여 다음 각 호의 조치를 하고 매월 1회 이상 점검을 실시하여야 한다.

　　1. 공동주택 단지별 점검책임자의 지정

　　2. 공동주택 단지별 관리카드의 비치

　　3. 공동주택 단지별 점검일지의 작성

　　4. 공동주택 단지의 관리기구와 관계 행정기관 간의 비상연락체계 구성

제15조(행위허가 신청 등)

① 법 제35조제1항제3호에서 "국토교통부령으로 정하는 경미한 행위"란 다음 각 호의 어느 하

나에 해당하는 행위를 말한다. 〈개정 2019. 1. 16.〉

1. 창틀·문틀의 교체

2. 세대내 천장·벽·바닥의 마감재 교체

3. 급·배수관 등 배관설비의 교체

4. 난방방식의 변경(시설물의 파손·철거는 제외한다)

5. 구내통신선로설비, 경비실과 통화가 가능한 구내전화, 지능형 홈네트워크 설비, 방송수신을 위한 공동수신설비 또는 영상정보처리기기의 교체(폐쇄회로 텔레비전과 네트워크 카메라 간의 교체를 포함한다)

6. 보안등, 자전거보관소, 안내표지판, 담장(축대는 제외한다) 또는 보도블록의 교체

7. 폐기물보관시설(재활용품 분류보관시설을 포함한다), 택배보관함 또는 우편함의 교체

8. 조경시설 중 수목(樹木)의 일부 제거 및 교체

9. 주민운동시설의 교체(다른 운동종목을 위한 시설로 변경하는 것을 말하며, 면적이 변경되는 경우는 제외한다)

10. 부대시설 중 각종 설비나 장비의 수선·유지·보수를 위한 부품의 일부 교체

11. 그 밖에 제1호부터 제10호까지의 규정에서 정한 사항과 유사한 행위로서 시장·군수·구청장이 인정하는 행위

② 영 별표 3 제3호나목의 신고기준란 3) 및 같은 표 제6호나목의 신고기준란 1)에서 "국토교통부령으로 정하는 경미한 사항"이란 각각 「주택건설기준 등에 관한 규정」에 적합한 범위에서 다음 각 호의 시설을 사용검사를 받은 면적 또는 규모의 10퍼센트 범위에서 파손·철거 또는 증축·증설하는 경우를 말한다.

〈개정 2018. 12. 28., 2019. 1. 16., 2020. 11. 12., 2021. 8. 27., 2021. 10. 22.〉

1. 주차장, 조경시설, 어린이놀이터, 관리사무소, 경비실, 경로당 또는 입주자집회소

2. 대문, 담장 또는 공중화장실

3. 경비실과 통화가 가능한 구내전화 또는 영상정보처리기기

4. 보안등, 자전거보관소 또는 안내표지판

5. 옹벽, 축대[문주(門기둥)를 포함한다] 또는 주택단지 안의 도로

6. 폐기물보관시설(재활용품 분류보관시설을 포함한다), 택배보관함 또는 우편함

7. 주민운동시설(실외에 설치된 시설로 한정한다)

③ 영 별표 3 제6호가목의 허가기준란 1)다)에서 "국토교통부령으로 정하는 범위"란 다음 각 호의 기준을 모두 갖춘 경우를 말한다. 〈개정 2018. 12. 28., 2020. 11. 12.〉

1. 「주택건설기준 등에 관한 규정」 제2조제3호마목부터 차목까지의 규정(사목은 제외한

다)에 따른 주민공동시설일 것

2. 제1호에 따른 주민공동시설로 증축하려는 필로티 부분의 면적 합계가 해당 주택단지 안의 필로티 부분 총면적의 100분의 30 이내일 것

3. 제2호에 따른 주민공동시설의 증축 면적을 해당 공동주택의 바닥면적에 산입하는 경우 용적률이 관계 법령에 따 른 건축 기준에 위반되지 아니할 것

④ 영 제35조제3항에 따른 허가신청서 또는 신고서는 각각 별지 제6호서식 또는 별지 제7호서식에 따른다.

⑤ 영 제35조제3항에서 "국토교통부령으로 정하는 서류"란 다음 각 호의 구분에 따른 서류를 말한다. 이 경우 허가 신청 또는 신고 대상인 행위가 다음 각 호의 구분에 따라 입주자등의 동의를 얻어야 하는 행위로서 소음을 유발하 는 행위일 때에는 공사기간 및 공사방법 등을 동의서에 적어야 한다. 〈개정 2018. 12. 28., 2019. 10. 24., 2020. 11. 12., 2021. 10. 22.〉

1. 용도변경의 경우 가. 용도를 변경하려는 층의 변경 전과 변경 후의 평면도 나. 공동주택단지의 배치도 다. 영 별표 3에 따라 입주자의 동의를 받아야 하는 경우에는 그 동의서

2. 개축 · 재축 · 대수선 또는 세대구분형 공동주택의 설치의 경우

가. 개축 · 재축 · 대수선을 하거나 세대구분형 공동주택을 설치하려는 건축물의 종별에 따른 「건축법 시행규칙」 제6조제1항 각 호의 서류 및 도서. 이 경우 「건축법 시행규칙」 제6조제1항제1호의2나목의 서류는 입주자 공 유가 아닌 복리시설만 해당한다.

나. 영 별표 3에 따라 입주자의 동의를 받아야 하는 경우에는 그 동의서

3. 파손 · 철거(비내력벽 철거는 제외한다) 또는 용도폐지의 경우 가. 공동주택단지의 배치도 나. 영 별표 3에 따라 입주자의 동의를 받아야 하는 경우에는 그 동의서

3의2. 비내력벽 철거의 경우 가. 해당 건축물에서 철거하려는 벽이 비내력벽임을 증명할 수 있는 도면 및 사진 나. 영 별표 3에 따라 입주자의 동의를 받아야 하는 경우에는 그 동의서

4. 증축의 경우 가. 건축물의 종별에 따른 「건축법 시행규칙」 제6조제1항 각 호의 서류 및 도서. 이 경우 「건축법 시행규칙」 제 6조제1항제1호의2나목의 서류는 입주자 공유가 아닌 복리시설만 해당한다. 나. 영 별표 3에 따라 입주자의 동의를 받아야 하는 경우에는 그 동의서

5. 증설의 경우

가. 건축물의 종별에 따른 「건축법 시행규칙」 제6조제1항제1호 및 제1호의2의 서류. 이 경우 「건축법 시행규칙」 제6조제1항제1호의2나목의 서류는 입주자 공유가 아닌 복리시설만 해당한다.

니. 영 별표 3에 따라 입주자의 동의를 받아야 하는 경우에는 그 동의서

⑥ 시장·군수·구청장은 영 제35조제3항에 따른 허가신청 또는 신고가 영 별표 3에 따른 기준에 적합한 경우에는 각각 별지 제8호서식의 행위허가증명서 또는 별지 제9호서식의 행위신고증명서를 발급하여야 한다.

⑦ 시장·군수·구청장은 제6항에 따라 법 제35조제1항제3호의2에 따른 세대구분형 공동주택의 허가 증명서를 발 급한 경우에는 별지 제9호의2서식의 세대구분형 공동주택 관리대장에 그 내용을 적고 관리해야 한다. 〈신설 2019. 10. 24.〉

⑧ 입주자등 또는 관리주체는 법 제35조제4항에 따라 사용검사를 받으려는 경우에는 별지 제10호서식의 신청서에 다음 각 호의 서류를 첨부하여 시장·군수·구청장에게 제출하여야 한다. 〈개정 2019. 10. 24.〉

1. 감리자의 감리의견서(「건축법」에 따른 감리대상인 경우만 해당한다)

2. 시공자의 공사확인서

⑨ 시장·군수·구청장은 제8항에 따른 신청서를 받은 경우에는 사용검사의 대상이 허가 또는 신고된 내용에 적합 한지를 확인한 후 별지 제11호서식의 사용검사필증을 발급하여야 한다. 〈개정 2019. 10. 24.〉

제5장 하자담보책임 및 하자분쟁조정

제1절 하자담보책임 및 하자보수

제16조(주택인도증서)

영 제36조제2항에 따른 주택인도증서는 별지 제12호서식과 같다.

제17조(담보책임 종료확인서)

영 제39조제5항에 따른 담보책임 종료확인서는 별지 제13호서식과 같다.

제18조(하자보수보증금의 사용내역 신고)

법 제38조제2항에 따라 하자보수보증금의 사용내역을 신고하려는 자는 별지 제14호서식의 신고서에 다음 각 호의 서류를 첨부하여 시장·군수·구청장에게 제출하여야 한다.

1. 하자보수보증금의 금융기관 거래명세표(입·출금 명세 전부가 기재된 것을 말한다)

2. 하자보수보증금의 세부 사용명세

제18조의2(하자보수보증금의 지급 내역 통보)

① 법 제38조제3항에 따른 하자보수보증금의 보증서 발급기관은 별지 제14호의2의 하자보수보증금 지급내역서(이하 "지급내역서"라 한다)에 하자보수보증금을 사용할 시설공사별 하자내역을 첨부하여 관할 시장·군수·구청장에게 제출하여야 한다.

② 지급내역서는 영 제36조제1항 각 호에 따른 담보책임기간별로 구분하여 작성하여야 한다. [본조신설 2017. 10. 18.]

제18조의3(하자보수보증금의 사용내역 및 지급 내역 제공)

시장·군수·구청장은 법 제38조제4항에 따라 해당 연도에 제출받은 제18조 및 제18조의2제1항에 따른 하자보수보증금 사용내역 신고서(첨부서류는 제외한다)와 지급내역서(첨부서류를 포함한다)의 내용을 다음 해 1월 31일까지 국토교통부장관에게 제공해야 한다. 이 경우 제공 방법은 영 제53조제5항에 따른 하자관리정보시스템에 입력하는 방법으로 한다. [본조신설 2021. 4. 21.]

제2절 하자심사, 분쟁조정 및 분쟁재정 〈개정 2021. 12. 9.〉

제19조(하자심사, 분쟁조정 또는 분쟁재정 신청)

① 법 제39조제3항에 따라 하자심사를 신청하려는 자는 별지 제15호 서식의 하자심사신청서에 다음 각 호의 서류를 첨부하여 같은 조 제1항에 따른 하자심사·분쟁조정위원회(이하 "하자분쟁조정위원회"라 한다)에 제출해야 한다. 이 경우 피신청인 인원수에 해당하는 부본(副本)과 함께 제출해야 한다. 〈개정 2017. 10. 18., 2021. 12. 9.〉

1. 당사자간 교섭경위서[입주자대표회의등 또는 법 제36조제2항에 따른 공공임대주택(이하 "공공임대주택"이라 한 다)의 임차인 또는 임차인대표회의(이하 "임차인등"이라 한다)가 일정별로 청구한 하자보수 등에 대하여 사업주체등(사업주체 및 하자보수보증서 발급기관을 말한다. 이하 이 장에서 같다)이 답변한 내용 또는 서로 협의한 내 용을 말한다] 1부

2. 하자발생사실 증명자료(컬러 사진 및 설명자료 등) 1부

3. 영 제41조제1항에 따른 하자보수보증금의 보증서 사본(하자보수보증금의 보증서 발급기관이 사건의 당사자인 경우만 해당한다) 1부

4. 신청인의 신분증 사본(법인은 인감증명서를 말하되, 「전자서명법」 따른 전자서명을 한 전자문서로 신청하는 경 우에는 신분증 사본 및 인감증명서를 첨부하지 않는다. 이하 이

조에서 같다). 다만, 대리인이 신청하는 경우에는 다음 각 목의 서류를 말한다.

  가. 신청인의 위임장 및 신분증 사본

  나. 대리인의 신분증(변호사는 변호사 신분증을 말한다) 사본 다. 대리인이 법인의 직원인 경우에는 재직증명서

5. 입주자대표회의 또는 공공임대주택의 임차인대표회의가 신청하는 경우에는 그 구성 신고를 증명하는 서류 1부

6. 관리사무소장이 신청하는 경우에는 관리사무소장 배치 및 직인 신고증명서 사본 1부

7. 「집합건물의 소유 및 관리에 관한 법률」 제23조에 따른 관리단이 신청하는 경우에는 그 관리단의 관리인을 선임 한 증명서류 1부

② 법 제39조제3항에 따라 분쟁조정을 신청하려는 자는 별지 제16호서식의 하자분쟁조정신청서에 제1항 각 호의 서류와 하자보수비용 산출명세서(하자보수비용을 청구하는 경우로 한정한다)를 첨부하여 하자분쟁조정위원회에 제 출해야 한다. 이 경우 피신청인 인원수에 해당하는 부본과 함께 제출해야 한다. 〈개정 2021. 12. 9.〉

③ 법 제39조제3항에 따라 분쟁재정을 신청하려는 자는 별지 제16호의2서식의 하자분쟁재정신청서에 제1항 각 호 의 서류와 하자보수비용 산출명세서(하자보수비용을 청구하는 경우로 한정한다)를 첨부하여 하자분쟁조정위원회에 제출해야 한다. 이 경우 피신청인 인원수에 해당하는 부본을 함께 제출해야 한다. 〈신설 2021. 12. 9.〉

④ 「집합건물의 소유 및 관리에 관한 법률」 제52조의9제2항에 따라 같은 법 제52조의2에 따른 집합건물분쟁조정 위원회가 하자분쟁조정위원회에 하자판정을 요청하는 경우에는 별지 제17호서식의 신청서에 다음 각 호의 서류를 첨부하여야 한다. 이 경우 집합건물의 하자판정에 관하여는 법 제43조를 준용한다. 〈개정 2021. 12. 9.〉

1. 「집합건물의 소유 및 관리에 관한 법률」 에 따른 당사자가 집합건물분쟁조정위원회에 제출한 서류

2. 그 밖에 하자판정에 참고가 될 수 있는 객관적인 자료 [제목개정 2021. 12. 9.]

제20조(선정대표자 선임계)

하자심사, 분쟁조정 또는 분쟁재정(이하 "조정등"이라 한다) 사건에 대하여 대표자를 선정, 해임 또는 변경한 당사자들은 영 제46조제5항에 따라 별지 제18호서식의 선정대표자 선임(해임 · 변경)계를 하자분 쟁조정위원회에 제출해야 한다. 〈개정 2021. 12. 9.〉

제21조(하자심사 사건의 분쟁조정 회부)

영 제56조에 따른 하자심사 사건의 분쟁조정 회부 통지는 별지 제19호서식에 따른다.

제22조(하자 여부 판정 및 이의신청)

① 법 제43조제2항에 따른 하자 여부 판정서는 별지 제20호서식과 같다.

② 법 제43조제4항에 따른 하자 여부 판정 결과에 대한 이의신청은 별지 제21호서식에 따른다.

③ 법 제43조제8항에 따른 재심의 결정서는 별지 제22호서식과 같다.

제23조(조정안의 수락 및 조정서)

① 영 제59조제1항에 따른 조정안에 대한 수락 또는 거부 서면은 별지 제23호서식과 같다.

② 법 제44조제3항에 따른 조정서는 별지 제24호서식과 같다.

제23조의2(하자분쟁조정의 심문조서)

법 제44조의2제2항에 따른 심문조서는 별지 제24호의2서식과 같다.

[본조신설 2021. 12. 9.]

제23조의3(분쟁재정 사건의 분쟁조정 회부 통지)

영 제60조의3제2항에 따른 하자분쟁 사건의 분쟁조정 회부 통지는 별 지 제24호의3서식에 따른다. [본조신설 2021. 12. 9.]

제23조의4(재정문서)

법 제44조의2제6항에 따른 재정문서는 별지 제24호의4서식과 같다. [본조신설 2021. 12. 9.]

제24조(조정등의 비용 부담)

법 제45조에 따른 조정등의 진행과정에서 다음 각 호의 비용이 발생할 때에는 당사자가 합의한 바에 따라 그 비용을 부담한다. 다만, 당사자가 합의하지 아니하는 경우에는 하자분쟁조정위원회에서 부담비율 을 정한다.

1. 조사, 분석 및 검사에 드는 비용
2. 증인 또는 증거의 채택에 드는 비용
3. 통역 및 번역 등에 드는 비용
4. 그 밖에 조정등에 드는 비용

제25조(조정등의 통지)

① 하자분쟁조정위원회는 조정등의 신청을 받은 때에는 법 제46조제1항에 따라 지체 없이 별지 제25호서식의 통지서를 상대방에게 보내야 한다.

② 제1항에 따른 통지를 받은 상대방은 법 제46조제2항에 따라 다음 각 호의 구분에 따른 답변서를 하자분쟁조정위 원회에 제출해야 한다.　　　　　　　　　　　　　　〈개정 2021. 12. 9.〉

　　1. 하자심사 사건: 별지 제26호서식의 하자심사사건 답변서

　　2. 분쟁조정 사건: 별지 제27호서식의 분쟁조정사건 답변서

　　3. 분쟁재정 사건: 별지 제27호의2서식의 분쟁재정 사건 답변서

제26조(하자진단 및 하자감정의 비용부담)

법 제48조제1항 및 제2항에 따른 하자진단 및 하자감정에 드는 비용은 다음 각 호의 구분에 따라 부담한다.　　　　　　　　　　　　　　　　　　　　　　　〈개정 2021. 12. 9.〉

　　1. 하자진단에 드는 비용: 당사자가 합의한 바에 따라 부담

　　2. 하자감정에 드는 비용: 다음 각 목에 따라 부담. 이 경우 하자분쟁조정위원회에서 정한 기한 내에 영 제62조제2항 에 따른 안전진단기관에 납부해야 한다.

　　　가. 당사자가 합의한 바에 따라 부담

　　　나. 당사자간 합의가 이루어지지 않을 경우에는 하자감정을 신청하는 당사자 일방 또는 쌍방이 미리 하자감정비 용을 부담한 후 조정등의 결과에 따라 하자분쟁조정위원회에서 정하는 비율에 따라 부담

제27조(조사관 증표)

법 제51조제2항에 따른 증표는 별지 제28호서식과 같다.

제6장 공동주택의 전문관리

제1절 주택관리업

제28조(주택관리업의 등록신청 등)

① 영 제65조제1항에 따른 신청서는 별지 제29호서식과 같다.

② 법 제52조제1항에 따라 주택관리업의 등록을 하려는 자는 제1항에 따른 신청서를 제출할 때

에는 다음 각 호의 서류를 첨부하여야 한다.

1. 삭제〈2017. 10. 18.〉

2. 법인인 경우에는 납입자본금에 관한 증명서류, 개인인 경우에는 자산평가서와 그 증명서류

3. 장비보유현황 및 그 증명서류

4. 기술자의 기술자격 및 주택관리사의 자격에 관한 증명서 사본

5. 사무실 확보를 증명하는 서류(건물 임대차 계약서 사본 등 사용에 관한 권리를 증명하는 서류)

③ 제1항에 따른 신청서를 받은 시장 · 군수 · 구청장은 「전자정부법」 제36조제1항에 따른 행정정보의 공동이용을 통하여 건물등기사항증명서를 확인하여야 하며 신청인이 법인인 경우에는 법인 등기사항증명서를 확인하여야 한 다.　　　　　　　　〈개정 2017. 10. 18.〉

④ 영 제65조제2항에 따른 등록증은 별지 제30호서식과 같다.

⑤ 시장 · 군수 · 구청장은 제3항에 따른 등록증을 발급한 경우에는 별지 제31호서식의 주택관리업 등록대장에 그 내용을 적어야 한다.

⑥ 법 제52조제1항에 따라 등록사항 변경신고를 하려는 자는 변경사유가 발생한 날부터 15일 이내에 별지 제32호 서식의 변경신고서에 변경내용을 증명하는 서류를 첨부하여 시장 · 군수 · 구청장에게 제출하여야 한다.

⑦ 제5항에 따른 주택관리업 등록대장은 전자적 처리가 불가능한 특별한 사유가 없으면 전자적 처리가 가능한 방법 으로 작성 · 관리하여야 한다.

제2절 관리주체의 업무와 주택관리사

제29조(관리주체의 업무)

법 제63조제1항제7호에서 "국토교통부령으로 정하는 사항"이란 다음 각 호의 사항을 말한다.

1. 공동주택관리업무의 공개 · 홍보 및 공동시설물의 사용방법에 관한 지도 · 계몽

2. 입주자등의 공동사용에 제공되고 있는 공동주택단지 안의 토지, 부대시설 및 복리시설에 대한 무단 점유행위의 방지 및 위반행위시의 조치

3. 공동주택단지 안에서 발생한 안전사고 및 도난사고 등에 대한 대응조치

4. 법 제37조제1항제3호에 따른 하자보수청구 등의 대행

제30조(관리사무소장의 업무 등)

① 법 제64조제2항제4호에서 "국토교통부령으로 정하는 업무"란 다음 각 호의 업무를 말한다.

1. 법 제63조제1항 각 호 및 이 규칙 제29조 각 호의 업무를 지휘 · 총괄하는 업무

2. 입주자대표회의 및 법 제15조제1항에 따른 선거관리위원회의 운영에 필요한 업무 지원 및 사무처리

3. 법 제32조제1항에 따른 안전관리계획의 조정. 이 경우 3년마다 조정하되, 관리여건상 필요하여 관리사무소장이 입주자대표회의 구성원 과반수의 서면동의를 받은 경우에는 3년이 지나기 전에 조정할 수 있다.

② 법 제64조제5항 전단에 따라 배치 내용과 업무의 집행에 사용할 직인을 신고하려는 관리사무소장은 배치된 날 부터 15일 이내에 별지 제33호서식의 신고서에 다음 각 호의 서류를 첨부하여 주택관리사단체에 제출하여야 한다. 〈개정 2017. 10. 18.〉

1. 법 제70조제1항에 따른 관리사무소장 교육 또는 같은 조 제2항에 따른 주택관리사등의 교육 이수현황(주택관리 사단체가 해당 교육 이수현황을 발급하는 경우에는 제출하지 아니할 수 있다) 1부

2. 임명장 사본 1부. 다만, 배치된 공동주택의 전임(前任) 관리사무소장이 제3항에 따른 배치 종료 신고를 하지 아니 한 경우에는 배치를 증명하는 다음 각 목의 구분에 따른 서류를 함께 제출하여야 한다.

   가. 공동주택의 관리방법이 법 제6조에 따른 자치관리인 경우: 근로계약서 사본 1부

   나. 공동주택의 관리방법이 법 제7조에 따른 위탁관리인 경우: 위 · 수탁 계약서 사본 1부

3. 주택관리사보자격시험 합격증서 또는 주택관리사 자격증 사본 1부

4. 영 제70조 및 제71조에 따라 주택관리사등의 손해배상책임을 보장하기 위한 보증설정을 입증하는 서류 1부

③ 법 제64조제5항 후단에 따라 신고한 배치 내용과 업무의 집행에 사용하는 직인을 변경하려는 관리사무소장은 변경사유(관리사무소장의 배치가 종료된 경우를 포함한다)가 발생한 날 부터 15일 이내에 별지 제33호서식의 신고 서에 변경내용을 증명하는 서류를 첨부하여 주택관리사단체에 제출하여야 한다. 〈개정 2017. 10. 18.〉

④ 제2항 또는 제3항에 따른 신고 또는 변경신고를 접수한 주택관리사단체는 관리사무소장의 배치 내용 및 직인 신 고(변경신고하는 경우를 포함한다) 접수 현황을 분기별로 시장 · 군수 · 구청장에게 보고하여야 한다.

⑤ 주택관리사단체는 관리사무소장이 제2항에 따른 신고 또는 제3항에 따른 변경신고에 대한 증명서 발급을 요청 하면 즉시 별지 제34호서식에 따라 증명서를 발급하여야 한다.

제31조(주택관리사 자격증 등)

① 법 제67조제1항에 따른 주택관리사보자격시험 합격증서 및 영 제73조제1항에 따른 주택관리사 자격증은 별지 제35호서식과 같다.

② 영 제73조제2항에 따른 신청서는 별지 제36호서식과 같다.

③ 시·도지사는 제2항에 따른 신청서를 받으면 다음 각 호의 사항을 확인해야 한다

〈신설 2019. 10. 24.〉

1. 주택관리사보 자격시험 합격증서

2. 영 제73조제1항 각 호에 따른 다음 각 목의 실무경력 증명서류. 이 경우 「전자정부법」 제36조제1항에 따른 행정 정보의 공동이용을 통해 확인해야 하며, 신청인이 확인에 동의하지 않는 경우에는 해당 서류를 제출하도록 해야 한다.

　가. 국민연금가입자가입증명

　나. 건강보험자격득실확인서

④ 주택관리사등은 주택관리사 자격증 또는 주택관리사보자격시험 합격증서의 분실·훼손으로 재발급을 받으려는 경우에는 별지 제37호서식의 신청서를 시·도지사에게 제출하여야 한다. 〈개정 2019. 10. 24.〉

제32조(응시원서)

① 영 제77조제1항에 따른 응시원서는 별지 제38호서식과 같다.

② 영 제77조제2항에서 "국토교통부령으로 정하는 수수료"란 다음 각 호의 구분에 따른 수수료를 말한다. 1. 제1차 시험: 21,000원 2. 제2차 시험: 14,000원

③ 영 제77조제3항에 따른 응시수수료(이하 "수수료"라 한다)의 반환기준은 다음 각 호와 같다.

1. 수수료를 과오납(過誤納)한 경우에는 그 과오납한 금액의 전부

2. 시험시행기관의 귀책사유로 시험에 응하지 못한 경우에는 납입한 수수료의 전부

3. 응시원서 접수기간 내에 접수를 취소하는 경우에는 납입한 수수료의 전부

4. 응시원서 접수 마감일의 다음 날부터 시험 시행일 20일 전까지 접수를 취소하는 경우에는 납입한 수수료의 100분의 60

5. 시험 시행일 19일 전부터 시험 시행일 10일 전까지 접수를 취소하는 경우에는 납입한 수수료의 100분의 50

④ 수수료의 반환절차 및 반환방법 등은 영 제76조제2항에 따른 공고에서 정하는 바에 따른다.

제33조(주택관리업자 등의 교육)

① 법 제70조제1항에 따라 주택관리업사(법인인 경우에는 그 대표자를 말한다) 또는 관리사무소장은 다음 각 호의 구분에 따른 시기에 영 제95조제3항제2호에 따라 교육업무를 위탁받은 기관 또는 단 체(이하 "교육수탁기관"이라 한다)로부터 공동주택 관리에 관한 교육과 윤리교육을 받아야 하며, 교육수탁기관은 관 리사무소장으로 배치받으려는 주택관리사등에 대해서도 공동주택 관리에 관한 교육과 윤리교육을 시행할 수 있다. 〈개정 2020. 4. 24.〉

1. 주택관리업자: 주택관리업의 등록을 한 날부터 3개월 이내

2. 관리사무소장: 관리사무소장으로 배치된 날(주택관리사보로서 관리사무소장이던 사람이 주택관리사의 자격을 취 득한 경우에는 그 자격취득일을 말한다)부터 3개월 이내

② 법 제70조제2항에 따른 교육은 주택관리사와 주택관리사보로 구분하여 실시한다.

③ 공동주택의 관리사무소장으로 배치받아 근무 중인 주택관리사등이 법 제70조제3항에 따라 받는 공동주택 관리 에 관한 교육과 윤리교육에는 다음 각 호의 사항이 포함되어야 한다.
〈개정 2017. 10. 18.〉

1. 공동주택의 관리 책임자로서 필요한 관계 법령, 소양 및 윤리에 관한 사항

2. 공동주택 주요시설의 교체 및 수리 방법 등 주택관리사로서 필요한 전문 지식에 관한 사항

3. 공동주택의 하자보수 절차 및 분쟁해결에 관한 교육

④ 제1항부터 제3항까지의 규정에 따른 교육기간은 3일로 한다.

⑤ 법 제70조제1항부터 제3항까지의 규정에 따른 교육에 관해서는 제7조제4항 및 제5항을 준용한다.

제7장 공동주택관리 분쟁조정

제34조(조정의 신청 등)

① 법 제74조제1항에 따라 조정을 신청하려는 자는 별지 제39호서식의 신청서에 다음 각 호의 서류를 첨부하여 법 제71조에 따른 중앙 공동주택관리 분쟁조정위원회(이하 "중앙분쟁조정위원회"라 한다)에 제출 해야 한다. 이 경우 법 제22조에 따른 전자적 방법으로 필요한 서류를 제출할 수 있다. 〈개정 2021. 10. 22.〉

1. 당사자간 교섭경위서(공동주택관리 분쟁이 발생한 때부터 조정을 신청할 때까지 해당 분쟁사건의 당사자 간 일 정별 교섭내용과 그 입증자료를 말한다) 1부

2. 신청인의 신분증 사본(대리인이 신청하는 경우에는 신청인의 위임장 및 인감증명서 또는

「본인서명사실 확인 등 에 관한 법률」 제2조제3호에 따른 본인서명사실확인서와 대리인의 신분증 사본을 말한다) 각 1부

3. 입주자대표회의가 신청하는 경우에는 그 구성 신고를 증명하는 서류 1부

4. 관리사무소장이 신청하는 경우에는 관리사무소장 배치 및 직인 신고증명서 사본 1부

5. 그 밖에 조정에 참고가 될 수 있는 객관적인 자료

② 중앙분쟁조정위원회는 제1항에 따른 조정의 신청을 받은 때에는 즉시 별지 제40호서식의 통지서에 다음 각 호 의 서류를 첨부하여 상대방에게 보내야 한다. 〈개정 2019. 10. 24.〉

1. 신청인이 제출한 공동주택관리 분쟁조정 신청서 사본

2. 공동주택관리 분쟁조정 사건 답변서 제출 서식

③ 제2항에 따른 통지를 받은 상대방은 별지 제41호서식에 따른 답변서를 작성하여 중앙분쟁조정위원회에 제출하 여야 한다.

④ 조정안을 제시받은 당사자는 법 제74조제4항에 따라 별지 제42호서식의 답변서를 중앙분쟁조정위원회에 제출 하여야 한다.

제35조(조정의 비용)

① 법 제74조제1항에 따라 중앙분쟁조정위원회에 조정을 신청하려는 자는 같은 조 제7항에 따라 국토교통부장관이 정하여 고시하는 바에 따라 수수료를 납부해야 한다.

〈신설 2019. 10. 24.〉

② 법 제74조제1항에 따른 조정의 비용에 관해서는 제24조를 준용한다. 이 경우 "하자분쟁조정위원회"는 "중앙분쟁 조정위원회"로 본다. 〈개정 2019. 10. 24.〉

제36조(선정대표자 선임계)

영 제83조에 따른 분쟁조정 사건에 대하여 대표자를 선정, 해임 또는 변경한 당사자들은 별 지 제43호서식의 선임(해임 · 변경)계를 중앙분쟁조정위원회에 제출하여야 한다.

제37조(조사관 증표)

법 제76조제2항에 따른 증표는 별지 제44호서식과 같다.

제8장 보칙

제38조(검사공무원의 증표)

① 법 제92조제3항에 따른 증표는 별지 제45호서식과 같다.

② 법 제93조제1항에 따른 증표는 별지 제46호서식과 같다.

제39조(규제의 재검토)

국토교통부장관은 다음 각 호의 사항에 대하여 2017년 1월 1일을 기준으로 3년마다(매 3년이 되는 해의 기준일과 같은 날 전까지를 말한다) 그 타당성을 검토하여 개선 등의 조치를 하여야 한다.

1. 제15조에 따른 행위허가신청 등
2. 제30조에 따른 관리사무소장 배치 및 직인 신고시 첨부하여야 하는 서류의 종류 등 3. 제33조에 따른 주택관리업자 등의 교육 [전문개정 2016. 12. 30.]

부칙 〈제924호, 2021. 12. 9.〉

이 규칙은 2021년 12월 9일부터 시행한다.

공동주택관리법

초판 인쇄 2022년 4월 10일
초판 발행 2022년 4월 15일

지은이　편집부
펴낸이　김태헌
펴낸곳　토담출판사
주소　경기도 고양시 일산서구 대산로 53
출판등록 2021년 9월 23일 제2021-000179호
전화　031-911-3416
팩스　031-911-3417